딩 딩 바 이 블　청 소 년　양 육　시 리 즈

양육 3년차 1•2•3•4

인도자 지침서

| 이 대 희 지 음 |
예즈덤성경교육원 편

엔크리스토

딩딩바이블 청소년 양육 시리즈

양육 3년차 1·2·3·4 인도자 지침서

초판1쇄 발행 | 2016년 3월 25일

지은이 | 이대희
펴낸이 | 김학룡
펴낸곳 | 엔크리스토
마케팅 | 이동석, 유영진
관리부 | 김동인, 신순영, 정재연, 박상진, 이은성

출판등록 | 2004년 12월 8일(제2004-116호)
주소 | 경기도 고양시 일산동구 장항동 585-2
이메일 | 9191@korea.com
공급처 | 기독교출판유통
전화(031) 906-9191 팩스0505-365-9191

ISBN 979-11-5594-025-9 03230

* 잘못된 책은 바꾸어 드립니다.
* 책값은 뒤표지에 있습니다.

* 이 교재의 사용방법 · 내용 · 교육 · 강의와 세미나에 대한 문의는 예즈덤성경교육원(02-403-0191, 010-2731-9078, http://cafe.naver.com/je66)으로 해주세요. 매주 월요일에 성경대학 지도자 훈련코스가 있습니다(개관반 · 책별반 · 주제반 · 성경영재교육반). 1년에 4학기(봄, 여름, 가을, 겨울)로 운영됩니다.

딩딩바이블 청소년 양육 시리즈를 펴내면서…

〈딩딩바이블〉은 그동안 10여 년 넘게 한국 교회 베스트 교재로 값은 사랑을 꾸준히 받아 온 〈아름다운 십대 성경공부〉 시리즈를 보완 발전시켜 새로운 모습으로 탄생한 청소년 양육 시리즈입니다. 지금 한국 교회는 다음 세대를 키우지 못하면 미래가 없습니다.

다음 세대를 효과적으로 키우는 데 딩딩바이블 청소년 양육 시리즈는 크게 기여할 것입니다. 그동안 교회 안에서만 이루어졌던 말씀 교육을 발전시켜 가정, 학교, 생활(주일, 주말, 주간, 방학)을 통합하여 전인적인 교육을 이루는 데 초점을 두었습니다. 세상을 이기기 위해서는 부분보다 통합, 지식보다 지혜 중심의 양육이 필요합니다.

특히 청소년 시기는 인생과 신앙의 기초를 다져 주는 아주 중요한 때입니다. 이때에 꼭 필요한 과정을 잘 양육하면 평생 승리하는 인생을 살 수 있습니다. 청소년들의 눈높이에 맞추어 흥미롭게, 간단하고 쉽게, 깊고 명료하게 삶의 실천을 염두에 두고 전체 내용을 구성했습니다. 5천 년 동안 세계를 지배하고 있는 유대인의 성경 탈무드 교육보다 더 나은(마 5:20) 한국인에 맞는 복음적인 말씀양육 시리즈가 되길 기도합니다.

저자 이대희

•딩딩바이블 성경공부 단계 진행 방법•

마음열기 - 도입

도입은 마음을 여는 단계입니다. 그러므로 이 시간에는 마음을 여는 질문을 중심으로 인도하면 됩니다. 교재에 제시된 자료들을 중심으로 서로 대화를 나누되 정답을 찾아가는 것이 아니라 편하게 문제에 흥미를 가지고 대화를 나누는 시간으로 이끌어 가는 것이 좋습니다. 도입 단계에서 너무 문제에 깊이 들어가면 시간이 길어지면서 본문에 들어가기도 전에 엉뚱한 방향으로 나갈 수 있습니다.

교사는 이야기를 적당한 선에서 끊어 다음 단계로 넘어가야 합니다. 주제에 흥미를 가지는 선에서 마음을 열고, 해결은 성경 본문 안에서 해나가도록 유도하는 것이 좋습니다.

말씀과 소통하기 - 관찰

관찰은 본문을 자세히 살펴보면 답이 다 나옵니다. 따라서 여기에서는 일반적인 방향을 중심으로 간단하게 정리했습니다. 교사는 관찰 단계에서 답을 말하려고 하지 말고 가능한 한 학생들이 본문을 통하여 답을 말하며 문제를 찾아가도록 하는 것이 좋습니다. 이 책에 성경 구절이 나와 있으므로 그 본문 말씀을 읽으면서 자기 말로 풀어서 답을 하도록 합니다.

여기에 제시된 질문 이외에 다른 질문이 나오면 교사가 즉석에서 연결되는 질문을 계속하면서 본문을 이해하도록 진행해야 합니다. 교재에 나와 있는 질문만 하는 것보다는 그것에 따른 부가적인 질문을 미리 생각하여 학생들의 상황에 맞게 진행해야 합니다. 필자가 제시한 질문은 기본적인 것으로, 나머지는 현장 교사들이 질문을 계속 만들어 학생들에게 제시해야 흥미 있는 성경공부가 됩니다.

이 시간은 말씀을 발견하는 시간입니다. 관찰 능력을 키우는 것이 중요합니다. 학생들로 하여금 성경을 읽도록 하고, 스스로 문제를 찾아가는 능력을 키우는 데 주안점을 두어야 합니다. 조금 틀리게 답한다 해도 계속 학생들에게 성경을 이해하는 능력을 길러 주어야 합니다. 여기에 성경공부의 핵심이 있습니다. 그러기 위해서는 교사가 사전에 성경 본문을 충분히 묵상하는 것이 필요합니다.

POINT 포인트

학생 교재에 나와 있는 포인트 부분은 그날 성경공부에서 중요하게 다뤄야 할 사항을 간단하게 정리한 것입니다. 학생과 교사들에게 참조가 될 것입니다. 정확한 핵심사항을 알고 성경공부에 임해야 흔들리지 않고 인도할 수 있습니다.

말씀과 공감하기 – 해석

해석은 더 깊은 생각을 하는 시간입니다. 주어진 본문 속에서 더 깊은 영적 의미를 찾아내야 합니다. 많은 교사들이 이 부분에서 어려움을 호소합니다. 그래서 이 부분은 필자가 자세하게 설명해 놓았습니다. 그렇다고 필자의 것이 완벽한 답은 아닙니다. 문제를 깊이 생각하도록 이끌어 주고 방향을 제시해 주는 의미에서 참고하면 됩니다. 해석도 본문을 잘 읽고 공부하면 답이 나와 있습니다.

모르는 것을 억지로 풀려고 하지 말고 이해되는 대로 성령님의 인도하심에 맡기는 것이 중요합니다. 성경공부의 교사는 사람이 아니라 언제나 성령님이시므로 그분의 조명을 기다리는 것이 필요합니다. 이 시간에는 충분한 대화와 토론과 이야기를 나누면서 하나씩 그 문제를 해결해 가고, 더 깊은 영적 의미를 이해하도록 해야 합니다. 어떤 한 사람의 사상 전달이나 설명이 아닌 본문의 의미를 찾아가며 성경의 저자인 하나님의 마음을 읽고 뜻을 헤아리는 시간입니다.

주님의 마음과 저자의 의도를 파악해 가는 방향으로 진행하면 놀라운 은혜가 소그룹 속에 일어나게 될 것입니다. 이 단계는 머리로 이해하려고 하기보다는 마음과 가슴으로 이해하는 것이 필요합니다. 상상력과 창의력을 계발시키는 단계로 마음을 열고 영적 세계를 여행하는 마음으로 그룹원들이 시간을 나누는 것이 중요합니다.

교사들의 생각을 주입하는 방식은 성경공부를 더 어렵게 하고 지루하게 만들 수 있으므로 가능하면 성경이 의미하는 바를 찾아가는 선에서 설명과 도움을 주어야 합니다. 학생들에게 해석 능력을 키워 주는 것이 교사의 중요한 과제입니다. 성경을 해석하는 능력을 배양하면서 자연스럽게 개인과 미래와 사회와 역사에 대한 성경적인 해석이 나오게 됩니다.

말씀 Tip

말씀의 해석은 사람의 생각이 아니라 다른 성경 구절을 통해서 해석되는 것이 가장 바람직합니다. 사람이 성경을 해석하는 것이 아닌 성경이 성경을 해석하는 원칙을 제시한다는 면에서 참고 성경 구절을 제시했습니다. 이것을 중심으로 해석하면 거의 문제가 풀리게 됩니다.

삶에 실행하기 – 적용

말씀을 삶에 적용하는 시간입니다. 적용을 억지로 하면 율법적이 됩니다. 이런 적용은 의례적이고 형식적입니다. 삶을 변화시키지 못합니다. 그러므로 효과적인 적용을 하려면 해석 단계에서 깨달음과 은혜를 경험해야 합니다. 해석 없는 적용은 위험하고 생동감이 없습니다. 억지 적용이 되고 형식적이 됩니다. 그러므로 적용을 위해서는 해석 과정이 아주 중요합니다. 그동안 많은 성경공부들이 거의 해석 없이 관찰에서 적용으로 넘어갔습니다. 그러다 보니 성경공부가 고루하고 지식 전달식이 되어 삶의 변화를 이루지 못했습니다. 적용은 자연스러워야 합니다. 그렇게 하려면 해석 과정 속에서 나온 적용이 되어야 합니다. 지침서에는 적용 부분에 대한 해설을 제시하지 않았습니다. 그것은 해석 과정만 잘 되면 자연스럽게 적용이 되므로 굳이 해설이 필요하지 않다고 여겨서입니다. 그리고 상황이 각자 다르기에 그 삶의 자리에 따라 주어진 질문을 통하여 적용의 시간을 가지면 됩니다.

적용은 구체적이고 가까운 것과 직접 행할 수 있는 것들을 중심으로 대화를 나누면서 서로 적용하도록 하고, 가능하면 다음 시간에 적용에 대한 피드백을 나누면 좋습니다.

실천을 위한 Tip

구체적인 실천을 돕는 과정으로 실천 팁을 제시했습니다. 한 주간 삶을 돌아본다는 점에서 도움을 받으면 좋겠습니다. 실천하지 않는 말씀은 죽은 것이 되고 오히려 교만을 낳을 수 있습니다.

•딩딩바이블 소그룹 성경공부 리더를 위한 제언•

1. 〈딩딩바이블〉은 질문을 중심으로 구성되었기에 소그룹으로 하는 것이 효과적이다

가능하면 인원을 소그룹으로 하되 5-7명 정도가 적당하다. 인원이 많으면 자칫 소외되는 이들이 생겨 소극적이며 피상적이게 되고 활발한 참여를 할 수 없게 된다. 그룹의 다이내믹을 최대한 경험하도록 하고 그 가운데 성령의 역사와 말씀을 통한 하나님의 음성을 각자 개인적으로 듣도록 노력한다.

2. 다양한 방법을 대상에 따라 상황에 맞게 사용하라

방법은 귀납적 방법에 따라 토의식, 대화식, 이야기식을 병행하여 사용할 수 있다. 교사 중심의 일방적인 성경공부는 지루함을 더할 수 있고 스스로 성경 말씀을 깨닫는 능력을 키워 주지 못하기 때문에 함께 성경을 탐구하면서 스스로 적용하도록 하는 것이 바람직하다. 우리의 영적 변화가 급작스럽게 변하기보다는 점진적으로 이루어지듯이 성경공부 역시 점진적인 변화를 기대해야 한다. 말씀을 배워 가면서 보이지 않게 점차 변화가 일어나게 됨을 늘 잊지 말고 성급하게 마음먹지 않도록 한다.

3. 성경공부의 중심은 교재가 아닌 성경이다

어디까지나 교재는 성경을 보기 위한 도구일 뿐이다. 성경을 보기 위하서 모였다는 사실을 늘 기억하고, 언제나 성경이 말하고자 하는 곳으로 들어가도록 해야 한다. 이런 의미에서 교재는 전적으로 안내자이다. 처음에 시작을 유도하고 성경을 읽도록 도와주면서 스스로 성경 안에서 이야기하는 분위기로 가도록 해야 한다. 조금 상황에 맞지 않는다든지 난해한 질문인 경우는 인도자가 적절하게 문제를 바꾸어서 사용할 수도 있고, 즉석에서 질문을 만들어 사용할 수 있다. 너무 교재에 매이게 되면 그때그때 나타나는 성령의 역동성이 사라질 수 있으니 주의해야 한다.

4. 교재에 나와 있는 문제를 풀 때는 문제 풀이식이나 답 달기식을 지양하라

문제 풀이식이나 답 달기식으로 성경공부를 하면 지식 공부가 되기 쉽다. 그리고 따분하고 지루하게 된다. 그러므로 문제를 대할 때는 언제나 성경을 더 깊이 알기 위하여 질문을 제시했음을 잊지 말고 풀어 나가야 한다. 그러면서 성경에 어떤 내용이 쓰여 있는지를 세밀하게 관찰하는 능력을 키워야 한다. 교재에 나와 있는 질문을 하면서 또 다른 질문을 스스로 만들거나, 그룹이 그때그때마다 질문을 하면서 성경공부를 하도록 해야 한다.

5. 성경의 결론을 성급하게 내지 말고 자연스럽게 성경의 흐름에 따라가도록 하라

언제나 성경공부의 교사는 성령님이심을 잊지 말고 그분께 순종하면서 각자 성령의 음성을 듣도록 해야 한다. 공부하면서 자연스럽게 결론까지 이르게 되는 것이 보통이지만 그렇지 않은 경우도 있다. 그런 경우는 다음 기회로 넘기면서 숙제로 남겨도 무방하다. 억지로 문제를 해결하려고 하는 것은 위험하다. 성경을 공부하다 보면 몰랐던 문제들이 점차 해결이 되는 경우가 많으므로 잘 안 풀리는 문제는 나중으로 미루어 두는 것도 지혜로운 한 방법이다.

6. 인도자의 의견보다는 가능한 한 참여자들과 성경이 말하는 결론으로 유도하라

교사가 답을 다 알려 준다든지, 혹 그것을 요구하는 것은 결코 바람직하지 않다. 인도자는 성경공부가 곁길로 새지 않도록 방향을 잘 잡아 주고 다시 본문 안으로 들어오도록 인도하는 역할을 해야 한다. 그리고 잘못되기 쉬운 주제나 내용, 전체의 분위기를 잘 조성해야 하는 책임을 가지고 있지, 어떤 문제의 해결사로 있는 것이 아님을 알아야 한다. 이렇게 되면 부담이 적어지고 모두가 동참하는 성경공부가 된다. 인도자는 잘 모를 경우는 그대로 인정하고 다시 문제를 찾아보도록 하는 것이 현명하다.

그룹원을 이끌어 가는 것은 인도자가 아닌 성경 자체임을 늘 기억하라. 인도자는 성경이 그룹원과 모임을 이끌어 가는 모습을 꿈꾸어야 한다. 언제나 성경이 중심이 되어야지 인도자나 어떤 특별한 사람이 모임의 중심이 되고 성경이 변방으로 나가면 안된다.

7. 효과적인 성경 연구 방법을 미리 터득하라

인도자는 귀납적 성경 연구 방법과 대화식 성경공부 방법 등을 비롯하여 그룹을 인도하는 기술까지 잘 연구하면 더 큰 효과를 누릴 수 있다. 충분히 미리 연구를 해야 성경공부의 방향을 잘 인도해 나갈 수 있다. 실제로 인도를 많이 하다 보면 성령의 지혜를 체험하게 될 것이다. 언제나 교사는 성령님이시므로 어느 한 사람의 의견도 무시하지 말고 귀를 기울이도록 해야 한다. 그 한 사람을 통해서 성령께서 새로운 깨달음을 주실 수도 있기 때문이다. (필자의 책 중 성경공부 방법을 제시한 『이야기 대화식 성경연구』(엔크리스토), 『맛있는 성경공부』(아가페북스)를 참조하는 것도 도움이 될 것이다.)

8. 열린 마음과 겸손한 자세로 하라

모두가 열려 있는 자세가 중요하다. 입을 다물고 있으면 분위기가 경직되고 은혜가 임하기 어렵다. 모두가 적극적으로 성경공부에 참여하고 대화와 토의에 솔직한 자기의 의견을 개진하면서 나눌 때 놀라운 하나님의 은혜를 경험할 수 있다. 이렇게 하려면 편안하고 자연스러운 분위기가 되도록 그룹원들이 함께 노력해야 한다.

9. 문제의 해결을 본문 안에서 찾도록 하라

보통 많은 성경공부가 본문과 상관없는 다른 주제를 제기하면서 방향이 엉뚱한 데로 나가 시간을 소비하는 경우가 많다. 가능하면 주어진 본문에 충실하면서 그 안에서 문제 해결책을 찾도록 해야 한다. 인도자가 적절하게 방향을 잡아 주는 역할을 해야 한다.

10. 혼자서 토의와 이야기를 독점하지 않는지 늘 유의하라

다른 그룹원들의 반응도 살피면서 모두 함께 말할 수 있는 시간을 주라. 자칫 자기 자신에게만 집착하여 다른 그룹원에게 민감하지 못하게 되는 것을 조심하라.

11. 늘 기도하면서 성경공부에 임하라

성경공부를 인도하는 교사는 성령님이시다. 그러므로 그룹원은 늘 기도하는 마음으로 사람에게 답을 얻으려 하지 말고 본문을 통하여 성령께서 깨달음을 주시도록 늘 기도해야 한다. 물론 이야기를 듣는 중에 새롭게 깨달을 수도 있기에 다른 사람들의 말에 늘 경청하는 자세가 필요하다.

12. 가능한 한 한 가지 문제에 초점을 맞추라

성경공부를 할 때 여러 가지 주제를 가지고 이야기를 하게 되면 혼란해고, 자연히 지식위주로 흐르기 쉽다. 주어진 시간이 30분에서 1시간이라면 자연스럽게 한두 가지 주제에 그날의 이야기가 집중되는데, 가능하면 그 주제를 집중적으로 토의하며 해결하도록 한다. 많은 성경 지식을 얻기 위함이 아니라 하나라도 정확하게 의미를 깨닫고 생활에 적용하는 것이 성경공부의 핵심임을 잊지 말아야 한다.

| 양육 코스 |

구분	코스	영역		1년차	2년차	3년차
주일	양육	1	복음	예수십대	복음뼈대	신앙원리
		2	정체성	나는 누구야	가치관이 뭐야	비전과 진로가 뭐야
		3	신앙	왜 믿니?	왜 사니?	왜 인생수업이니?
		4	생활	십대를 창조하라	유혹을 이겨라	열매를 맺어라

| 심화 코스 |

구분	코스	영역		1년차	2년차	3년차
주일 (주말)	심화	1	Q.A	신앙이 궁금해	교리가 궁금해	성경이 궁금해
		2	인성	인간관계 어떻게?	중독탈출 어떻게?	창의인성 어떻게?
		3	공부	공부법 정복하기	학교공부 뛰어넘기	인생공부 따라잡기
		4	인물	하나님人	예수人	성령人

| 성장 코스(자기주도 코스) |

구분	코스	영역		1년차	2년차	3년차
주일 (주말, 주간)	자기 주도	1	영성	말씀생활 읽기, 암송, 큐티	기도생활 기도, 대화	전도생활 증거, 모범
		2	습관	생활습관 음식, 수면, 운동	공부습관 공부, 시간, 플래닝	태도습관 태도, 성품

| 성숙 코스(마무리 코스) |

구분	코스	영역		1년차	2년차	3년차
방학	캠프	1	영재	신앙과 공부를 함께 해결하는 크리스천 영재 캠프 (3박4일)		
전체	성인식	2	전인	중등부·고등부 (성인식 통과의례 1, 2) - 예수사람 만들기		

• 복음 코스(교사와 학생 공통) •

구분	코스	영역	공통과정
모든 세대	복음	새신자	한눈에 보는 복음 이야기 (새신자 양육)
		불신자	세상에서 가장 복된 소식 당신은 아십니까? (대화식 전도지)

• 성경 코스(교사와 학생 공통) •

구분	코스	영역	공통과정
모든 세대	성경	구약	단숨에 꿰뚫는 구약성경관통
		신약	단숨에 꿰뚫는 신약성경관통

차례

신앙원리

01

하나님이 세상을 창조하셨다

마음열기

창조는 무에서 유를 만드는 것입니다. 오직 하나님만이 무에서 유를 만드실 수 있습니다. 재창조는 이미 존재하는 것을 고치거나 새로운 방식을 써서 다시 만드는 것입니다. 인간의 창조는 모두 재창조에 해당됩니다. 하나님이 만드신 창조물을 가지고 새롭게 만들기 때문입니다. 인간이 보다 창의력을 발휘하기 위해서는 하나님을 공부해야 합니다. 하나님을 연구할수록 창조력이 생깁니다. 유대인들이 탁월한 천재성을 발휘할 수 있었던 이유는 하나님께 충실했기 때문입니다. 그들은 성경에 근거를 두었기에 다른 사람들이 따라오지 못하는 뛰어난 창의력을 발휘했습니다. 오늘 우리도 창조력을 발휘하기 위해서는 하나님을 경외하고 모든 것의 근원인 성경에 충실해야 합니다.

만화의 내용을 풀이하면 다음과 같습니다.

어느 동물원에서 있었던 일입니다. 마침 진화론을 믿는 친구와 창조론을 믿는 친구가 함께 원숭이가 노는 것을 재미있게 구경하고 있었습니다. 이때 창조론을 믿는 친구가 진화론을 믿는 친구에게 말했습니다.

"얘, 저기 네 조상님이 계신다. 더 이상 놀리지 말고 어서 정중히 인사를 아뢰

어라."

"……."

캐릭터 1 : 여러분! 나는 누가 만들었다고 생각합니까?

캐릭터 2 : ???

말씀과 소통하기

• 창세기 1:24-31을 읽으세요.

1 하나님은 말씀으로 창조했습니다. 하나님의 말씀이 창조의 시작입니다. 하나님은 짐승과 가축과 땅에 기는 모든 것을 종류대로 만드셨습니다. 땅이 생물과 짐승과 가축과 기는 것을 만들어 내는 역할을 했습니다. 물론 이것도 하나님이 땅에게 명령하여 이루어진 일입니다. 땅에는 생명을 만들어 내는 힘이 들어 있습니다. 땅을 잘 연구하면 놀라운 창조의 신비를 밝혀 낼 수 있을 것입니다.

2 하나님은 인간을 하나님의 형상대로 만들었습니다. 하나님의 형상으로 만들어졌기에 인간은 하나님이 가진 특권을 사용할 수 있는 존재가 되었습니다. 예를 들면, 온 땅의 모든 것을 다스리는 특권을 받았습니다. 이것은 하나님의 형상의 중요한 부분입니다. 만약 우리가 세상을 다스리지 못하고 그것에 지배를 받으면 하나님의 형상을 파괴하는 것이 됩니다.

3 하나님의 대리자인 인간이 세상에 대해서 가져야 할 중요한 사명은 생육하고 번성하고 땅에 충만하는 것입니다. 그리고 땅을 정복하고 세상의 모든 것을 다스리는 것입니다. 물론 이것은 인간의 생각대로가 아닌 하나님의 뜻대로 해야 하는 것을 의미합니다.

4 식물은 인간과 생명들이 먹는 음식이 되었습니다. 씨 맺는 모든 채소와 나무에서 맺힌 열매가 우리 몸에 좋습니다. 이것은 창조의 원리입니다. 이차적인 가공 식품보다는 자연에서 나온 일차적인 식물을 먹으면 우리의 몸이 건강하게 됩니다.

말씀과 공감하기

1 인간은 동물과 다른 영적인 존재로서 하나님의 형상을 닮았습니다. 이것은 인간만이 가진 고유한 특징이 있음을 의미합니다. 우리는 그것을 하나님의 형상이라고 말합니다. 하나님은 땅을 정복하고 세상의 모든 것을 다스리셨습니다. 그런데 그것을 인간에게 위임하셨습니다. 그럼으로서 인간은 하나님의 일을 이 땅에 실현하게 됩니다. 인간은 하나님의 뜻을 이루는 존재로서 살아야 합니다. 하나님의 뜻과 상관없이 정욕과 욕심만을 내세우면 하나님의 형상을 파괴하는 일입니다.

하나님의 창조 질서는 정해져 있습니다. 예를 들면 종류대로 만들었다든지 인간을 통하여 다스리게 했다든지 하는 것입니다. 이런 질서에 역행하면 불행이 옵니다. 인간은 성경에 나온 하나님의 창조 질서를 따라 살아야 행복합니다. 그렇지 않으면 인류는 재앙을 초래하게 됩니다. 환경을 잘 관리하지 못한 책임은 그대로 인간에게 돌아와 많은 재앙을 당하게 됩니다. 지금 인류에게 일어나는 이상 기온과 재난들은 다 잘못 관리한 결과입니다. 인간에게 알 수 없는 병들이 생기는 것도 하나님의 질서를 무시하고 살아간 인간에게 주어지는 형벌입니다.

02

하나님은 오직 한 분이시다

마음열기

두 개의 그림 중에 위의 것은 아버지와 어머니와 많은 자녀들이 모여 있는 가정이고, 아래는 아버지가 둘이어서 혼란스러운 자녀들의 모습입니다. 나를 낳아 주신 아버지는 한 명입니다. 아저씨는 여럿일 수 있어도 생부는 한 명일 수밖에 없습니다. 그것은 존재론적으로 하나여야 하기 때문입니다. 이것이 하나님이 만드신 창조 원리입니다. 세상에는 절대적인 것과 상대적인 것이 존재하는데 부모는 절대적인 것에 속합니다. 부부도 남녀 한 쌍이 결혼해 이루어지는 것이지, 다수가 부부가 될 수 없습니다. 그런 점에서 하나님은 절대적이시고 한 분이어야 합니다.

나 외에 다른 신을 두지 말라는 성경 말씀에 많은 사람들이 거부감을 일으키는데, 이는 인간이 주인이 되고자 하는 마음에서 오는 반항입니다. 모든 인간은 스스로 주인이 되고 싶어 합니다. 인간의 타락도 이 마음에서 시작되어 하나님의 자리를 넘보았습니다. 유일한 분은 하나님밖에 없습니다. 그것이 진리입니다. 이것이 절대적인 하나님을 믿는 믿음이 중요한 이유입니다. 상대적이 되면 진리는 없어지는 것입니다. 하나님을 독선적이라고 생각하는 이유도 이런 잘못된 생각의 결과입니다.

세상에는 하나밖에 없어야 하는 것들이 있습니다. 앞에서 말한 것처럼 아버지가 둘일 수 없는 것과 같습니다.

말씀과 소통하기

• 신명기 6:1-9을 읽으세요.

1 하나님의 명령과 규례와 법도입니다. 하나님이 제시한 인간으로 살아가는 실천 원리입니다. 이것은 성경에 기록되었습니다.

2 하나님이 이런 명령을 내리신 이유는 하나님을 경외하기 위함이요, 그렇게 함으로 우리의 날을 장구하게 하기 위함입니다. 인간에게 복을 주시려고 하는 것입니다. 이스라엘이 하나님의 말씀을 지키고 행하면 젖과 꿀이 흐르는 가나안 땅에서 크게 번성하는 복을 받게 됩니다.

3 그러므로 이스라엘 백성이 늘 기억하고 들어야 하는 것은 하나님의 말씀입니다. 하나님의 말씀 중에서도 가장 중요한 내용은 하나님이 유일하신 신이라는 것입니다. 우리는 이것을 '여호와 하나님'이라고 말합니다. 이런 유일하신 하나님을 마음과 뜻과 힘을 다하여 전인격적으로 사랑해야 합니다. 다시 말하면 전심으로 온몸으로 사랑해야 합니다.

4 하나님을 사랑하는 일은 그저 되는 것이 아닙니다. 하나님의 말씀을 마음에 새기고 그것을 자녀에게 가르쳐 자자손손 하나님의 말씀이 가정을 지배하게 해야 합니다. 손목과 미간에 붙이고 문설주에 붙이면서 하나님 말씀 안에서 살도록 생활화해야 합니다.

말씀과 공감하기

1 우리가 믿는 하나님은 유일하신 분입니다. 유일하신 하나님이 아니라면 그분은 문제가 있고 절대성이 사라지기에 우리가 온전히 신뢰할 수 없게 됩니다. 유일하기에 신앙의 의미가 있습니다. 세상 신들은 상대적입니다. 절대성을 가진 하나님을 거부하고 좋아하지 않습니다. 그렇기에 우리는 많은 어려움을 당합니다. 그러나 절대적인 신인 하나님을 믿기에 모든 시작과 마지막이 있고 지금의 삶이 의미가 있습니다.

십대의 가치관은 다양합니다. 그러나 그 다양함에서도 절대적인 기준은 있어야 합니다. 그래야 문제가 없습니다. 기준점 없이 다양함만 추구하면 방황하고 허무하게 됩니다. 결국 아무것도 이루는 것이 없습니다.

하나님이 유일하다는 것은 모든 것이 하나님에게서 시작되었으며 마침도 하나님이 하신다는 것을 의미합니다. 절대적인 하나님, 유일하신 하나님에 대한 믿음이 분명할 때 우리 삶의 방식이 달라지며 분명한 방향으로 나아가게 됩니다.

하나님이 우리에게 계명을 주신 것은 우리를 옭아매기 위함이 아닙니다. 말씀을 통하여 우리를 자유케 하시기 위함입니다. 우리는 말씀을 통하여 하나님을 바라보아야 합니다. 그렇지 않고 말씀에만 매이면 율법주의자가 됩니다. 마치 바리새인들과 같게 됩니다. 말씀을 지킨다고 하면서 하나님을 거역하는 일이 일어나는 것입니다. 말씀을 통하여 우리는 하나님을 사랑합니다. 하나님은 눈에 보이지 않기에 그분을 사랑할 수 있는 방법은 그분이 주신 성경 말씀을 사랑하고 그 뜻대로 행하는 것입니다. 하나님의 말씀과 하나님을 사랑하는 것에는 긴밀한 관계가 있습니다.

03

말씀이 이끌어 가는 인생

마음열기

새로운 일을 시작하기 전에 우리는 계획을 세웁니다. 그러나 꿈과 비전이 없으면 계획을 제대로 세울 수 없습니다. 비전은 약속을 통해서 옵니다. 내가 하고 싶은 일이어도 현실과 맞아야 가치가 있습니다. 하고 싶은 일이 있어도 마음대로 다 할 수 없습니다. 하고 싶지 않은 일도 계획을 세워 해야 하는 경우가 많습니다.

사람은 내가 하고 싶다고 하는 것이 아니라 내가 꼭 해야만 하는 사명 같은 것을 행해야 합니다. 부모님이나 선생님에게 힘든 요구를 받았을 때 학생들은 순종하기를 꺼려 합니다. 그들이 반항을 하는 이유는 무엇일까요? 그것은 자기 생각과 다르기 때문입니다. 나 자신이 선택하는 인생이라고 생각할수록 다른 사람의 요구를 받아들이기 어렵습니다. 십대는 자기 정체성을 찾아가는 시기이기에 이런 현상이 더 심하게 일어납니다. 그러나 알고 보면 인생은 자기가 선택해서 사는 것이 아니라 타자에 의해서 시작됩니다. 더 근본적으로 하나님이 불렀기에 시작하는 것입니다. 하나님의 부름이 없으면 아무것도 할 수 없습니다. 이것을 아는 순간부터 인생은 새롭게 시작됩니다. 세상에 태어났을 때도 자기의 의지로 나온 게 아니라 부모님에 의해 일방적으로 선택당한 것입니다. 하나님의 창조로 나의 삶이 시작된 것입니다. 이것을 인정하는 자세가 중요합니다.

말씀과 소통하기

• 창세기 12:1-9을 읽으세요.

1 아브라함의 고향은 갈대아 우르입니다. 거기서 하나님의 명령을 받아 하란까지 왔습니다. 아브라함이 하나님께 받은 명령은 갈대아 우르를 떠나라는 것입니다. 고향 땅을 떠나 하나님이 지시하는 새로운 땅으로 가는 것입니다. 그때 나이가 75세입니다. 고향에서 편안히 여생을 마칠 나이에 하나님은 아브라함을 새로운 비전을 향해 불렀습니다.

2 그렇게 하면 하나님이 아브라함을 복을 주시되, 그 이름을 창대하게 하고 그가 축복하는 자에게 축복을 주고 저주하는 자에게 저주를 내린다고 하면서 아브라함에 대한 축복을 약속합니다.

3 아브라함은 하나님의 말씀을 따라 갔고 롯도 같이 갔습니다. 아브라함은 아내 사래와 그의 소유와 많은 사람들을 데리고 가나안 땅으로 떠났습니다. 아브라함은 말씀을 좇아갔고 롯은 아마 삼촌을 좇아갔을 것입니다. 그냥 사람을 좇아가는 사람과 약속을 좇아가는 사람은 근본적으로 출발이 다릅니다. 그러기에 결과도 다르게 나타납니다.

4 세겜이라는 가나안 땅에 도착하자 하나님이 나타나서 이 땅을 주신다고 하셨니다. 그러자 아브라함은 그곳에 제단을 쌓고 예배를 드립니다. 거기서 옮겨 벧엘로 가자 그곳에서 하나님의 이름을 불렀습니다. 아브라함은 가는 곳마다 제단을 쌓았습니다. 모든 것이 하나님의 은혜로 된 것임을 인정하며 하나님께 예배하는 일은 중요합니다.

말씀과 공감하기

1 하나님은 75세 된 아브라함을 그냥 무조건 불렀습니다. 그에게 무엇을 물어본 것이 아니라 부르신 것입니다. 75세의 나이로 아브라함 스스로는 갈 수 없는 상황입니다. 이것을 아시고 하나님은 주도적으로 아브라함을 불러 새로운 인생을 살게 했습니다. 그것에 아브라함은 그대로 순종했습니다. 갈 바를 알지 못하고, 하나님이 지시하신 곳이 어디인지 몰랐습니다. 그럼에도 아브라함은 하나님의 약속을 믿고 그 약속에 따라 자기의 인생을 맡겼습니다. 하나님의 부름에 순종하면서 인생은 달라집니다. 그 길이 험하다 할지라도 끝까지 가야 합니다.

여기서 꿈꾸는 노인 아브라함을 보게 됩니다. 우리의 부름은 언제 어디서 일어날지 아무도 모릅니다. 늘 준비하며 순종하는 자세가 되어야 합니다.

하나님은 우리를 부르실 때 그냥 부르지 않고 축복을 주시고 출발하게 합니다. 이것은 무엇을 의미합니까? 하나님의 부름은 축복을 주시는 부름이라는 의미입니다. 우리를 새롭게 끌어가는 것은 하나님의 원대한 비전을 이루고 우리를 크게 축복하기 위해서입니다. 그 이름을 창대하게 하면서 모든 사람들을 아브라함의 자손으로 삼기 위해서입니다.

오늘도 우리는 아브라함의 자손입니다. 이 모든 것은 무엇으로 이루어졌습니까? 순종을 통해서입니다. 하나님의 부름에 순종할 때 하나님은 놀라운 일을 행하십니다. 순종 없는 축복은 없습니다. 하나님은 순종할 때 축복을 주시지, 마음이 하나님을 향하지 않고 자기를 향하거나 자기의 목숨을 사리는 사람에게는 축복을 허락하지 않습니다.

04

구원을 베푸시는 하나님

마음열기

"뭐라고? 큰일 날 뻔했다고?"

아버지가 놀라 물었습니다.

"예. 버스를 타고 오다가 제가 탄 버스가 그만 앞차와 충돌하고 말았어요."

"그래서 어떻게 되었니?"

"운전기사는 그냥 그 자리에서 죽었구요, 앞에 서 있던 승객 몇 사람은 병원에 실려 갔어요."

"너는 그때 어디에 있었니?"

"예. 그 버스가 사람들이 너무나 많아 탔다가 곧 내려 다음 차를 탔어요. 만약 그 차를 탔더라면 저는 그만… 그게 바로 앞문이었거든요?"

"얘야, 하나님이 도와주셨구나… 감사합니다."

인생을 살다 보면 이런 일이 많습니다. 그때마다 누군가의 도움으로 살기도 하고, 보이지 않는 하나님의 도우심으로 살아나기도 합니다. 기적을 체험하기도 합니다. 십대의 시기는 이런 일이 적지만 앞으로 인생을 살다 보면 많은 일들이 생기고 위기들이 닥칩니다. 겉으로는 내가 사는 것 같아도 하나님이 도와주셔서 살고 있는 것입니다. 다만 그것을 내가 느끼지 못하고 있는 것입니다. 그런데 교만하여 자기 힘으로 산다고 생각하는 사람들이 많습니다.

말씀과 소통하기

• 출애굽기 6:2-9을 읽으세요.

1 모세에게 나타난 하나님은 여호와 하나님이십니다. 여호와 하나님은 유일하신 하나님으로 다른 신과는 구분되는 그런 하나님이심을 의미합니다. 아브라함과 이삭과 야곱의 하나님은 전능하신 하나님이십니다. 불가능이 없는, 세상을 창조하신 하나님이십니다. 우리들도 이런 믿음을 가져야 합니다.

2 하나님은 오래전에 가나안 땅을 이스라엘 백성에게 주기로 언약을 하셨습니다. 하나님은 그 약속을 기억하시고 이스라엘 자손의 신음을 들으셨습니다. 하나님은 언제나 우리와 맺은 언약을 기억하시는 하나님이십니다. 하신 약속은 꼭 지키시는 그런 하나님이십니다.

3 애굽에서 압박을 당하는 이스라엘에게 하나님은 구원하시는 하나님으로 나타나십니다. 애굽의 무거운 짐 아래에서 이스라엘 백성을 빼내어 그것을 통하여 오직 하나밖에 없는 그런 하나님을 드러내기를 원하십니다.

4 모세가 하나님의 구원의 뜻을 이스라엘 백성에게 전했을 때 이스라엘 사람들은 마음의 상함과 가혹한 노동으로 인하여 모세의 말을 듣지 아니하였습니다. 너무 힘들면 하나님의 음성이 들리지 않고 지치다 보면 그것을 거부하는 성향이 있습니다.

말씀과 공감하기

1 하나님은 유일하신 하나님이시요, 능치 못함이 없는 전능의 하나님이십니다. 그 능력을 하나님은 구원을 위해서 사용하십니다. 이스라엘 백성을 애굽에서 구원해 낸 하나님이십니다.

하나님은 오늘도 우리들의 수고와 아픔을 보시고 그것에서 구원하시기를 원하시고 계십니다. 하나님의 목적은 심판이 아니고 구원이십니다. 한 사람이라도 더 구원하시기 위해서 죄악을 참고 기다리고 계십니다. 우리가 보기에는 사악한 사람이라도 그를 멸망시키지 않고 기다리는 것은 그가 하나님께 돌아오기를 원하시기 때문입니다.

여호와는 스스로 존재하는 유일한 분이십니다. 누구에 의해 규정되는 그런 신이 아닙니다. 우리는 하나님을 내 눈과 내 경험으로 이해하려고 합니다. 그러나 하나님은 내 이해의 영역을 넘어섭니다. 내가 모든 것을 다 이해할 수 있으면 그분은 나에게 하나님이 되지 못합니다. 그렇게 되면 하나님은 나의 구원자가 되지 못하고 내 스스로 구원자가 되는 상황이 벌어집니다. 내 힘으로 할 수 없기에 하나님은 나에게 유일한 구원자가 되십니다.

처음에는 하나님을 알 수 없습니다. 점차 알아가고 믿어지게 되는 것입니다. 그러므로 하나님을 완전히 이해하고 믿는 것은 불가능합니다. 믿으면서 점차 이해가 되는 것입니다.

05

만약 부활이 없다면

마음열기

하루살이가 아침부터 메뚜기하고 놀다가 저녁이 되었습니다. 메뚜기가 하루살이에게 "하루살이야! 벌써 저녁이 되었으니 그만 놀고 내일 만나자~"고 했습니다. 그러자 하루살이가 메뚜기에게 물었습니다. "내일이 뭔데?" 하루살이는 하루만 살기 때문에 '내일'을 모릅니다. 하루살이가 죽고 나니 메뚜기가 외로웠습니다. 그래서 만난 것이 개구리였습니다. 가을이 오자 이번에는 개구리가 "메뚜기야! 겨울 지나고 내년에 만나서 놀자~"고 했습니다. 그러자 메뚜기가 개구리에게 "내년이 뭐야?"라고 물었습니다. 메뚜기는 '내년'을 모릅니다. 1년만 살기 때문입니다.

이 세상이 전부라고 생각하는 사람은 하루살이나 메뚜기와 같습니다. 그러나 죽은 이후에 삶이 있다고 믿는 사람은 내년이 있다고 믿는 개구리와 같습니다. 부활은 인간이 가질 수 있는 최고의 비전이요, 소망입니다. 그리스도인의 최고의 비전은 부활입니다. 부활의 소망은 모든 비전의 종착점입니다. 모든 비전은 이런 부활에 근거하여 추구해야 합니다. 부활이 빠진 비전은 의미가 없습니다. 결국은 헛된 것이 됩니다.

부활을 가진 사람과 안 가진 사람은 차이가 큽니다. 부활이 없는 사람은 이 세상이 끝입니다. 모든 것을 이 세상 중심으로 살아갑니다. 시야가 좁습니다.

그러나 부활을 소유한 사람은 영원함으로 모든 것을 바라보기에 시야가 넓습니다.

종교에 부활이 없다면 그것은 세상에 한정된 종교입니다. 부활이 없는 종교는 더 이상 인간에게 소망을 주지 못합니다. 그리스도인에게 부활이 없으면 세상에서 가장 불쌍한 사람입니다.

말씀과 소통하기

•고린도전서 15:12-23을 읽으세요.

1 복음의 중요한 핵심 두 가지는 십자가와 부활입니다. 부활 없는 십자가는 의미가 없습니다. 또 십자가 없는 부활도 무의미합니다. 이 둘은 뗄래야 뗄 수 없는 관계입니다. 그리스도가 다시 살아남으로 인간에게는 부활이 있다는 것이 증명되었습니다. 역으로 말하면 부활이 있기에 그리스도가 다시 살아난 것입니다.

2 죽은 자의 부활은 중요한 내용입니다. 죽지 않고 부활한 것처럼 말하는 사람들이 있었습니다. 그들은 이단입니다. 예수님의 부활은 죽은 자가 부활한 것입니다. 예수님은 죽었고 다시 부활했습니다.

만약 부활이 없다면 우리가 하는 모든 것은 헛것이 되고 맙니다. 믿음도 헛것이요, 우리가 여전히 죄 가운데 있는 상태가 됩니다. 아무것도 달라지지 않고 세상 사람과 같습니다. 결국은 모두가 사라지니까요. 우리의 열심도 선한 행위도 모두 의미가 없습니다. 모든 사람은 망하게 됩니다.

3 그리스도인이 가장 불쌍한 사람입니다. 왜냐하면 그리스도인은 세상에서 많은 손해를 보면서 살아갑니다. 부활을 소망하기에 하나님의 상을 바라보고

일합니다. 그런데 부활이 없다면 이것처럼 허무한 일은 없습니다.

4 예수님의 부활은 죽은 자들이 부활할 수 있다는 것을 보여주는 증거가 됩니다. 모든 사람이 아담 이후에 다 죽는다면 이제 예수님의 부활로 다시 사는 길이 열렸습니다. 이런 면에서 예수님의 부활은 첫 열매입니다. 첫 열매를 보면 그 나무는 죽은 것이 아니고 다음 해에 많은 열매가 날 줄을 믿게 됩니다. 이런 면에서 예수님의 부활은 우리에게 소망이 됩니다.

말씀과 공감하기

1 예수님이 부활하신 모습은 몸을 가진 모습이었습니다. 음식도 드시고 말씀도 하시는 육체를 지닌 모습입니다. 그럼에도 그 육체는 시공간을 초월하는 신비로운 몸입니다. 우리의 부활의 모습을 간접적으로 말해 주는 대목이기도 합니다. 예수님은 모든 사람의 부활의 첫 열매가 되기에 예수님을 보면 우리의 부활 모습을 어느 정도 짐작할 수 있습니다. 부활 때의 몸은 지금의 모습과는 다릅니다. 피곤하거나 병이 없는 그런 좋은 상태의 몸입니다.

부활 때는 우리들이 수고와 슬픔의 세상을 벗어나 영원히 사는 상태가 됩니다. 부활에 대한 확실한 신앙이 있으면 죽음도 두려워하지 않습니다. 인간에게 가장 두려운 것이 죽음인데 부활을 가지는 것은 죽는 것이 두렵지 않게 되는 유익이 있습니다. 부활을 믿으면 세상에 너무 연연하지 않고 세상 욕심에서 벗어날 수 있습니다. 하늘의 소망을 바라보고 늘 비전 가운데 살 수 있습니다. 세상에서 환란을 당하는 사람은 부활은 그려 보는 것만으로도 위로가 됩니다. 부활의 소망이 있기에 죽을 때도 웃으면서 죽을 수 있습니다. 생각하면 대단한 힘입니다.

죽음 없는 부활은 없습니다. 고난 없는 부활은 없습니다. 부활은 고난과 희생과 죽음을 전제합니다. 부활은 언제나 죽음을 통해서 나오는 하나님의 선물입니다. 세상에서 고난을 당할 때 부활이 유익이 되는 것도 이와 같습니다. 부활이 있다는 것은 나중에는 희망이라는 의미입니다. 지금은 힘들어도 결국은 소망이요 긍정이라는 것입니다. 얼마나 놀라운 힘입니까? 부활을 믿는 그리스도인은 실패가 없습니다. 이미 모든 그리스도인은 성공자입니다.

이미 최고의 선물을 얻었고 그것보다 더 큰 것은 세상에 존재하지 않습니다. 매일매일 부활의 기쁨으로 살아간다는 것은 얼마나 아름다운 일인지 모릅니다.

06

다시 오실 예수님을 기대하라

마음열기

사람에겐 모두 소원이 있습니다. 그 소원은 물질 아닌 사람입니다. 사람을 만나는 것입니다. 사람이 제일 소중합니다. 마지막에 가장 만나고 싶은 사람은 누구일까요? 그것은 예수님입니다. 우리가 세상에서 그렇게 부르고 믿고 그분 때문에 어려움을 당했는데 마지막에 그분을 본다면 얼마나 감격스러울까요? 특히 주님 때문에 어려움을 당한 사람에게 주님과의 만남은 특별할 것입니다. 우리는 누구든지 인생의 마지막에 주님 앞에 서게 됩니다. 이것은 어느 누구도 피할 수 없는 일입니다. 늘 그것을 생각하면서 살아가야 합니다.

말씀과 소통하기

• 데살로니가전서 5:12-24을 읽으세요.

1 서로를 귀하게 여기면서 화목하는 일입니다. 게으른 자들을 권계하고 마음이 약한 자를 격려하고 힘이 없는 자들을 붙들어 주고 모든 사람에게 오래 참는 일입니다.

2 누구든지 악을 악으로 갚지 말고 살아야 합니다. 서로 대할 때 항상 선으로 대해야 합니다. 하나님은 선이시기 때문입니다.

3 재림을 바라보는 사람들은 항상 기뻐하고, 쉬지 말고 기도하며, 모든 일에 감사하면서 살아가는 사람들입니다. 주님이 재림하시면 모든 것을 가장 공평하게 하실 것입니다. 지금 당하는 부당한 일을 다 해결해 주십니다. 그렇다면 지금 당하는 그 일에 대해서 너무 힘들어 하지 말고 기뻐하고 감사하며 살아가야 합니다.

성령께서 하시는 예언의 말씀에 늘 귀를 기울이면서 살아가야 합니다. 모든 것을 대할 때 좋은 것을 취하고 악은 어떤 모양이라도 버리면서 살아야 합니다.

4 재림을 준비하는 그리스도인들은 우리의 몸과 영과 혼을, 즉 전인적인 면에서 온전하게 하여 주님이 강림하실 때 온전하게 보전되도록 해야 합니다. 흠이 없게 온전히 보전하여 그리스도를 만나는 일이 가장 소중합니다. 마지막에 그분에게 드릴 것은 나의 온전한 모습입니다

말씀과 공감하기

1 재림을 바라본다는 것은 미래를 통하여 오늘에 충실하라는 의미입니다. 오늘이 있고야 내일이 있습니다. 오늘에 충실하는 것이 재림을 맞이하는 자세입니다. 생각해 보십시오. 재림이 있다면 오늘을 더 충실하게 살 수박에 없습니다. 재림이 없고 오늘로써 모든 것이 끝나고 세상의 일을 마친다고 하면 오늘에 충실하기 어렵습니다. 그러므로 재림신앙을 갖는 것은 오늘의 삶에 충실하는 것을 의미합니다. 재림이 있기에 오늘을 원망하지 않고 진실하게 내 길을 갈

수 있는 것입니다.

예수님이 승천하실 때 제자들에게 보이신 모습 그대로 오신다고 약속했습니다. 성령이 강림하실 것을 믿고 예루살렘에서 기다렸던 초대 교회처럼 우리도 주님의 재림을 기다리면서 살아야 합니다.

재림을 기다린다는 것은 오늘의 삶에 대해서 하나님 앞에 직고한다는 뜻이 있습니다. 재림을 믿는다고 현재를 무시하는 것은 바른 재림관이 아닙니다. 재림이 없으면 하나님의 심판도 없습니다. 그렇게 되면 세상이 너무나 불공평하지 않습니까. 상식적으로도 재림이 있어야 되는 것 아닐까요?

주님이 재림하실 때는 구원자가 아닌 심판주로 오십니다. 그때를 가장 기다리는 사람은 주님을 전하면서 사는 사람입니다.

07

종말의 때는 하나님만 아신다

마음열기

지금까지 자기의 삶을 점검할 수 있는 시간입니다. 각자 한번 적어 보고 서로 이야기를 나누면 유익할 것입니다. 어떤 삶을 살았는가 하는 것은 지금은 모릅니다. 죽은 이후에 역사가 평가를 합니다. 나를 보고 어떤 비문을 쓸 것인지 생각해 보는 것도 인생에서 중요한 결단의 순간이 될 수 있습니다. 어차피 인간은 마지막에 죽음을 맞이할 테니까요.

말씀과 소통하기

• 마태복음 24:32-44을 읽으세요.

1 무화과나무의 비유를 통하여 배울 수 있는 것은 가지가 연하고 잎사귀를 내면 여름이 가까운 줄 알라는 것입니다. 마지막에 주님이 오시는 것도 역시 그 전에 나타나는 징조가 있습니다. 모든 것이 다 징후가 있습니다.

2 하나님의 말씀은 이 시대가 지나가기 전에 틀림없이 이루어집니다. 천지는 결국 사라지고 없어지지만 하나님의 말씀은 사라지지 않습니다. 영원히 계속되

는 것은 이 세상에 하나님의 말씀 외에 다른 것이 없습니다. 이 세상의 마지막이 되는, 주님이 오시는 그날을 아는 분은 오직 하나님밖에 없습니다. 주님도 모른다고 했습니다. 그것은 마지막의 시기와 때는 오직 하나님만이 아신다는 것을 의미합니다.

3 재림을 대비하는 성도의 자세에 대한 비유 두 가지는 무엇일까요? 그것은 생활 속에서 나타나는데, 한 사람은 들림을 받고 한 사람은 버림을 당합니다. 맷돌을 갈다가 한 사람은 버림을 당하고 한 사람은 들림을 당합니다. 또 밭에서 일하다가 한 사람은 데려가고 한 사람은 버림을 받게 됩니다.

4 주님이 재림하실 날은 갑자기 임합니다. 사람들은 깨닫지 못합니다. 언제 주님이 임하실지 알 수 없습니다. 생각지 않은 날에 임하게 됩니다(42, 44, 50절). 도적이 오는 것처럼 어느 날 갑자기 세상의 마지막이 옵니다. 그러므로 충성스러운 종의 자세로 살아야 합니다. 늘 준비하고 지혜로운 사람이 되어야 합니다. 오늘을 마지막이라 생각하고 최선을 다하는 삶이 중요합니다.

말씀과 공감하기

1 하나님이 종말의 시기를 가르쳐 주지 않은 것은 하나님을 의지하게 하기 위해서입니다. 만약 시기를 알려 주면 그 시기에만 매달려 주어진 일에 최선을 다하지 않게 됩니다. 우리의 마지막 시기를 안다면 할 일을 미리 포기하는 상황이 발생하게 될 것입니다. 그래서 하나님을 바라보면서 살게 하기 위해 시간과 때를 알려 주지 않은 것입니다. 또한 하루 일에 충실하며 게으르지 않게 하기 위해서입니다. 종말론적이라는 말은 하루를 마지막처럼 살아가라는 뜻입니다. 매 순간을 하나님 앞에서 진실하게 최선을 다하는 삶

입니다. 그리고 종말론적이라는 말에는 이미 나는 구원을 받았고 천국에 갔음을 믿는 믿음이 전제됩니다. 천국을 소유한 사람은 혹시 오늘이 마지막이라 해도 불안해 하지 않고 최선을 다할 수 있습니다.

종말은 개인적인 종말과 역사적인 종말이 있는데 개인적인 종말은 개인의 죽음을 의미합니다. 역사적인 종말은 이 세상의 모든 것이 끝나는 것을 의미합니다. 개인적인 종말은 오늘도 계속되고 있습니다. 당장 내일이라도 나에게 닥칩니다. 그러나 역사적인 종말은 시간이 걸립니다. 개인적인 종말이 오면 역사적인 종말이 오지 않아도 결국 역사적인 종말을 맞이하는 것과 같습니다. 매일 하나님 앞에서 신실하게 사는 삶이 중요합니다.

08

하나님은 순종을 원하신다

마음열기

예수님이 말씀하신 "원수를 사랑하라"는 내용은 인간적으로 보면 순종하기 어려운 말입니다. 그러나 진정한 순종은 이해할 수 없는 것에 순종하는 것입니다. 잘 이해되는 것에 순종하는 것은 순종이 아닙니다. 그가 진정으로 순종하는지를 알려면 상식 밖의 요구에도 순종하는지를 보아야 합니다. 가끔 이해 못할 일을 요구하시는 부모님이나 선생님의 말씀에 순종하는 훈련이 필요합니다.

순종은 요구하는 내용보다도 그것을 요구하는 사람이 더 중요합니다. 요구하는 사람을 믿을 수 있다면 어떤 요구에도 순종할 수 있습니다. 우리가 순종할 때도 누가 그것을 말했는가가 더 중요합니다. 상대에 따라 순종의 정도가 달라집니다. 하나님에게도 이것은 그대로 적용됩니다.

말씀과 소통하기

• 창세기 22:1-13을 읽으세요.

1 자신의 외아들을 하나님에게 바치는 일입니다. 번제물로 바치는 일은 짐승을 바치는 제사법에 따라 아들을 바치는 것입니다. 이것은 상식에 어긋나는 불

합리한 일입니다. 하나님의 법에도 어긋나는 것입니다. 생명을 소중히 여기는 '살인하지 말라'는 법에도 맞지 않습니다.

2 아침 일찍이 일어나 나귀에 안장을 지우고 이삭을 데리고 번제에 쓸 나무를 가지고 지시한 곳에 갑니다. 3일 걸린 거리였습니다. 장면 과정을 설명하면 다음과 같습니다.

장면1

아브라함이 종들에게 말합니다. "나귀와 함께 여기에서 기다리라. 내가 아이와 함께 저기 가서 예배하고 우리가 너희에게로 돌아오리라."
여기서 복수를 봅니다. '우리'라는 표현은 아이도 같이 온다는 의미토 아브라함은 하나님이 아이를 구원해 주실 줄 믿었음을 의미합니다

장면2

번제에 쓸 나무를 이삭에게 지우고 아브라함은 불과 칼을 들고 하나님이 지시한 곳으로 갑니다. 그때의 심정은 어떠했을까요?

장면3

이삭이 아버지에게 묻습니다. "불과 나무는 있는데 제물은 어디에 있습니까?"

장면4

하나님이 친히 준비해 주셨다고 아브라함이 대답합니다. 하나님이 지혜를 주신 것입니다.

아브라함은 하나님이 지시한 곳에 이르러 제단을 쌓고 나무를 벌여 놓고 그의 아들 이삭을 결박하여 제단 나무 위에 놓고 손을 내밀어 칼을 잡고 제물 짐승을 잡듯이 아들을 잡으려 했습니다.

3 하나님이 이를 멈추게 하시고, 하나님을 경외하는 줄 이제야 알았다고 하시면서 아브라함의 믿음을 인정해 주십니다. 하나님께 인정받는다는 것이 가장

큰 축복입니다.

4 말씀에 순종한 아브라함에게 하나님은 아들 이삭 대신 수풀에 걸린 숫양을 준비하여 제물을 바치게 합니다.

말씀과 공감하기

1 하나님께서 우리에게 이해할 수 없는 일을 주셔서 순종하게 하시는 것은 우리로 하여금 하나님을 더 믿게 하기 위해서 입니다. 믿음이란 오직 하나님을 믿는 것을 의미합니다. 나타난 결과나 성취보다는 하나님 자체를 신뢰하는 것입니다. 그리 아니 하실지라도, 그럼에도 불구하고 믿는 믿음을 의미합니다.

이런 믿음은 행위에 대한 것이 아닙니다. 나타난 결과로 하나님을 믿는 것이 아니라 그것과 상관없이 하나님을 신뢰하는 것입니다. 이것이 아브라함을 통해 우리에게 가르쳐 주려고 한 믿음의 모습입니다. 우리는 하나님을 너무 조건적으로 믿습니다. 결과에 따라서 하나님에 대한 믿음이 좌우됩니다. 그것은 진정한 믿음이 아닙니다. 아브라함의 믿음은 이런 면에서 해석되어야 합니다. 하나님의 말씀이라면 무엇이든지 상관하지 않고 믿는 순종의 믿음이 필요합니다.

하나님을 믿는 것은 90%가 아닌 100%입니다. 주님은 완전하신 분이고 거룩하신 분이기 때문입니다. 우리가 100% 순종하는 것은 하나님의 완전하심을 드러내는 것입니다. 하나님이 완전하니 우리도 완전하라고 하는 것은 100% 순종하라는 것입니다. 우리의 100% 순종을 통해 하나님의 완전하심이 이루어집니다.

09

큰 기적을 구하는 믿음

마음열기

기적은 인간이 할 수 없는 일을 의미합니다. 이것은 다른 말로 하면 하나님이 하시면 이루어질 수 있다는 것을 뜻합니다. 세상에 어느 것 하나드 하나님 없이 이루어진 것은 없습니다. 인간이 보기에 불가능한 경우라도 하나님이 하시면 이루어집니다.

기적은 하나님이 하셨다고 고백하는 것에서 일어납니다. 물론 우연히 일어난 기적이라고 믿을 수도 있지만, 그런 기적은 의미가 없습니다. 하나님과 연관될 때 기적은 의미가 있습니다. 그럴 때 삶이 달라집니다. 기적을 경험하고서도 전혀 변화가 없는 것은 바로 하나님과 연관 짓지 않기 때문입니다.

성경은 기적 이야기로 가득 차 있습니다. 지금도 하나님이 일하시면 우리 가운데 기적이 일어납니다. 그러나 그 기적은 언제나 하나님의 편에서 일어납니다. 하나님의 뜻을 사모하고 그것을 원하는 사람에게 하나님은 기적을 베푸십니다. 하나님을 이용하고 자기 욕심을 채우려는 의도로 기적을 바라보고 이해하면 오히려 해가 됩니다. 신앙적인 기적은 언제나 하나님의 영광을 드러내는 데 초점이 있습니다.

말씀과 소통하기

• 출애굽기 14:21-31을 읽으세요.

1 모세는 하나님의 명령대로 백성을 앞으로 나아가게 하고 지팡이를 들고 손을 바다 위로 내밀어 바닷물이 갈라지게 합니다. 물이 갈라지는 기적이 일어나 바다가 마른 땅이 됩니다.

2 이스라엘 백성들은 홍해 한가운데를 걸어갔는데 좌우에 벽이 생기면서 땅은 마른 곳이 되었습니다. 구름기둥과 불기둥 가운데서 애굽 군대를 어지럽게 하시고 병거 바퀴를 벗겨 달리기를 어렵게 하셨습니다. 모두가 하나님이 하시는 일이었습니다.

3 하나님은 애굽 군대를 물속에 수장시키시면서 그들을 멸하셨습니다. 한 사람도 남기지 않고 물로 다 덮었습니다.

4 이 일을 통하여 하나님은 이스라엘 백성에게 하나님의 큰 능력을 보게 하셔서 백성들이 하나님을 경외하며 하나님과 그의 종 모세를 믿게 하셨습니다. 기적은 하나님을 불신하는 이스라엘 백성들을 믿게 하는 데 그 목적이 있음을 알 수 있습니다.

말씀과 공감하기

1 홍해의 기적을 통해서 발견되는 하나님의 모습은 기적을 베푸시는 하나님이십니다. 바다를 가르시고 바닷물을 덮으시는, 자연을 자유자재로 움직이시는 그런 하나님이십니다. 창조의 하나님이 무엇을 못 하시겠습니까? 이런 기적을

통하여 이스라엘을 구원하신 것은 이스라엘 백성에게 하나님이 어떤 분이신지를 보여주기 위한 것이었습니다. 오직 하나님만 의지하고 순종하며 살아가기를 원하셔서 기적을 베풀어 주었습니다.

기적의 최종 목적은 믿음입니다. 믿음을 가지지 못하는 기적은 의미가 없습니다. 오늘도 우리들은 수많은 기적을 체험하면서 살아갑니다. 우리가 이렇게 숨을 쉬고 건강하게 살 수 있는 것은 하나님의 기적 사건입니다. 내 힘으로 되지 않는 것들입니다. 그럼에도 우리는 하나님을 신뢰하지 못합니다. 이런 사건을 경험하면서도 믿음을 갖지 못하는 경우가 얼마나 많이 있습니까?

기적은 구원을 베풀기 위함입니다. 구원은 단순히 육신의 구원이 아닌 영혼의 구원에 더 큰 목적이 있습니다. 우리는 육신의 구원을 경험하면서 그 뒤에서 섭리하시는 하나님의 능력을 믿고 체험해야 합니다. 하나님의 도우심이 없으면 살아갈 수 없음을 믿고 오직 하나님만을 의뢰하는 삶을 살아야 합니다.

자기 욕망을 위한 기적은 하나님을 슬프게 합니다. 우리는 이미 천국을 얻었습니다. 구원을 받았습니다. 이보다 더 큰 기적은 없습니다. 세상에서 아무리 큰 기적이 있어도 예수 믿는 기적보다 더 큰 기적은 없습니다.

10

하나님은 사랑이시다

마음열기

교재의 그림은 다음의 이야기를 그림으로 그린 것입니다.

영국 에든버러 시의 어느 극장에서 일어났던 일입니다. 연주회가 무르익어 가는 중에 갑자기 화재가 발생했습니다. 순식간에 불이 붙었습니다. 관객들은 저마다 아우성치며 출입구 쪽으로 몰려가 극장 안은 아수라장이 되었습니다. 이를 본 지배인은 악단에게 애국가를 연주하게 지시했습니다. 단원들은 그 자리를 피하고 싶었지만 지배인의 명령에 악기를 들고 국가를 연주했습니다. 국가를 듣자 관객들은 경건한 마음으로 질서 정연하게 출입구 쪽으로 걸어갔습니다. 이렇게 해서 관객들은 모두 안전하게 대피했습니다. 그러나 최후의 한 사람이 대피할 때까지 국가를 연주하던 악단원은 연기에 휩싸여 죽고 말았습니다.

세상에 가장 아름다운 이야기는 사랑 이야기입니다. 사랑으로 우리가 존재합니다. 이 세상은 사랑으로 만들어진 세상입니다. 사랑이 없으면 어느 것도 존재하지 못합니다.

사랑은 희생을 동반합니다. 희생 없는 사랑은 가치가 없습니다. 사랑을 받고 사랑을 나누는 것이야말로 인간이 해야 할 아름다운 일 중 하나입니다.

말씀과 소통하기

• 요한일서 4:7-13을 읽으세요.

1 사랑의 원천은 하나님이십니다. 사랑은 하나님에게서 온 것입니다. 사랑이 없으면 하나님도 없는 것입니다. 사랑이 있는 곳에 하나님도 계십니다.

2 하나님의 사랑은 독생자 예수님을 통하여 세상에 나타났습니다. 예수님이 하나님의 사랑의 가장 확실한 증표입니다. 예수님을 보면 하나님의 사랑이 무엇인지 알 수 있습니다.

3 하나님 사랑의 특징은 자기 아들을 화목제물로 내어주신 것입니다. 희생적인 사랑입니다. 말이 아니고 행동입니다. 사랑은 서로 사랑하는 것입니다. 혼자만의 사랑이 아닌 서로 사랑이 진정한 사랑을 만듭니다. 이런 사랑이 이루어지기 위해서는 누군가가 먼저 사랑을 해야 합니다. 그렇게 되면 나중에 다른 사람도 사랑하게 됩니다. 하나님의 사랑을 받은 우리는 모두 서로 사랑해야 합니다. 서로 사랑은 내 힘으로 사랑하는 것이 아닙니다. 하나님께 받은 사랑으로 사랑하는 것입니다. 그렇기에 공로가 아닌 사랑하는 것은 전적인 하나님의 은혜로 하는 것입니다.

4 사랑하면 하나님을 볼 수 있습니다. 하나님은 사랑 속에서 우리에게 나타나십니다. 사랑이 없는 곳에 하나님도 없습니다. 특히 하나님은 우리를 사랑하신 증거로 아들 예수님을 보내주셨는데, 그 예수님을 통하여 우리는 하나님을 보게 됩니다. 하나님은 영이기에 우리가 눈으로 볼 수 없습니다. 그러나 그의 아들을 통하여 하나님을 볼 수 있는 길이 열렸습니다. 주님을 믿으면 우리는 자연히 하나님의 사랑 안에 거하는 것이 됩니다.

말씀과 공감하기

1 성경의 내용은 한마디로 사랑입니다. 모든 것의 결국은 사랑 때문입니다. 사랑하고자 성경을 읽고 기도하고, 모든 것을 하는 것입니다. 사랑이 없으면 아무것도 아닙니다. 사랑은 온 율법의 완성입니다. 사랑이 곧 하나님이시기 때문입니다. 사랑이 하나님의 마음이요, 성품이요, 모든 것의 결론입니다.

사랑의 사람이 되는 것이 기독교 신앙의 가장 중요한 원리입니다. 아무리 대단한 일을 이루었어도 그가 사랑의 사람이 되지 못하면 아무것도 아닙니다. 사랑에서 모든 것이 결정되고 열매가 판가름납니다. 믿음, 소망, 사랑 그중에 제일은 사랑입니다.

사람들이 사랑에 대해서 가장 많은 말을 하면서도 사랑에 이르지 못하는 것은 하나님의 사랑을 받지 못해서입니다. 사랑의 원천을 알지 못하기 때문입니다. 사랑이 오는 근원을 모르기에 늘 사랑의 방황을 합니다. 하나님의 사랑을 많이 받으면 우리는 자연히 다른 사람을 사랑하게 됩니다. 얼마나 하나님의 사랑을 받느냐는 우리가 이웃을 얼마나 사랑하는가에 의해 결정됩니다.

하나님의 사랑을 알 수 있는 길은 오직 예수님을 통해서입니다. 예수님이 이 세상에 오셔서 십자가에 죽으신 그것에 인류를 사랑하시는 하나님의 마음이 담겨 있습니다. 십자가가 하나님의 사랑을 아는 결정판입니다. 십자가 사랑은 구체적으로 인간의 역사에 나타난 희생의 사랑입니다. 피 흘림과 고난을 당하시고 결국은 우리를 위해 죽으신 그 사랑입니다. 어떤 신도 이렇게 인간을 사랑하지 않았습니다. 이것이 기독교가 다른 종교와 비교할 수 없는 위대한 점입니다.

양육 3년차 2

비전과 진로가 뭐야

01

하나님의 비전을 품으라

마음열기

만화의 자세한 내용입니다.

1953년 미국의 예일대에서 졸업생을 대상으로 설문조사를 했다.

"현재 당신은 인생의 구체적인 목표를 글로 써서 소지하고 있습니까?"

이 질문에 단 3%만이 글로 자신의 목표를 써서 갖고 있다고 대답했다. 나머지 97%의 졸업생은 인생의 목표를 머릿속으로만 구상하거나, 장래에 무엇이 되겠다는 구체적인 목표를 가지고 있지 않다고 대답했다. 그 뒤 20년이 지난 후에 예일대는 1953년 졸업생 생존자들을 대상으로 그들의 성공 여부를 조사했다. 그런데 그 결과가 놀라웠다. 졸업 당시 인생의 목표를 글로 써서 가지고 있던 졸업생들이 그렇지 않았던 졸업생들보다 인생의 성취도와 성공뿐 아니라 재산도 더 많은 것으로 조사되었다.

비전을 가진 것과 가지지 않은 것은 삶의 태도에서 완전히 차이가 납니다. 목표 없이 사는 것과 목표를 분명히 가지고 사는 것은 삶의 태도가 완전히 다릅니다. 학생이 공부할 때도 목표를 가지고 하면 열심히 하지만 목표가 흔들리거나 흐릿하면 공부하는 것이 신이 나지 않습니다. 무엇을 하든 주위의 요구에 의해 하는 것과 자기의 목표를 이루기 위해 하는 것은 근본적인 차이가 있습니다.

비전은 다양합니다. 세상의 비전과 목표는 나의 욕심과 꿈을 이루는 것이지만 그리스도인의 비전은 하나님의 꿈을 이루는 것과 관련이 있습니다. 하나님의 나라와 의를 구하는 것과 관련이 있어야 바른 비전이 됩니다. 그리스도인의 비전은 이런 면에서 내가 만들어 내는 것이 아닌 하나님이 보여주신 것이어야 합니다. 그리스도인의 비전은 세상의 비전과 많은 차이가 있습니다.

말씀과 소통하기

• 출애굽기 3:1-12을 읽으세요.

1 모세는 장인 미디안 제사장 이드로의 양을 치고 있었습니다. 이날도 양을 치다가 광야 서쪽으로 인도하여 호렙산으로 양을 치러 갔습니다.

2 그런데 갑자기 하나님의 사자가 떨기나무 가운데로부터 나오는 불꽃 안에서 모세에게 나타나셨습니다. 그런데 이상한 것은 떨기나무에 불이 붙었으나 그 떨기나무는 사라지지 않았습니다. 그리고 거기서 하나님이 모세를 부르면서 네가 선 곳은 거룩한 땅이니 네 발에서 신을 벗으라고 하셨습니다. 지금 나타난 하나님은 모세가 그동안 믿고 있었던 이스라엘의 하나님이었습니다. 모세는 하나님 뵙기를 두려워하여 얼굴을 가리게 되었습니다.

3 하나님이 모세에게 나타나서 하나님의 계획을 말씀했는데 그것은 이스라엘 백성을 애굽에서 건져내어 가나안 땅으로 들어가게 하신다는 것이었습니다. 물론 가나안 땅에는 가나안의 일곱 족속이 살고 있었습니다. 그들을 정복해야 하는 과제가 있습니다.

4 이스라엘의 부르짖음이 하나님에게 상달되었고 애굽 사람들이 그들을 괴롭히고 학대하는 것도 보았다고 했습니다. 하나님은 이제 이런 학대에서 이스라엘 사람들을 건져내야 하는 사명을 모세에게 주신 것입니다. 이 비전에 대해서 모세는 자기의 부족함을 들어서 갈 수 없다고 말합니다. 그러나 하나님은 모세와 함께하겠고, 그 결과 백성들을 이끌고 호렙산에 와서 하나님을 섬기게 될 것이라고 일차적인 비전을 주십니다. 하나님은 모세에게 이것이 너를 보낸 증거라고 하면서 미리 이룰 환상을 보여주십니다.

말씀과 공감하기

• 비전에 대한 질문은 많은 오해가 있을 수 있기에 비전에 대한 내용을 자세히 설명해 보도록 하겠습니다. 혹 질문이 이해하기 힘들면 문제를 대상의 눈높이에 맞추어 조금 바꾸어 질문하면 더 잘 이해가 될 것입니다. 종종 고정관념 때문에 단어에 대한 오해가 생겨 어려울 수도 있습니다.

1 '미디안에서 40년 동안 모세가 마음에 품었던(비전을 생각 등으로) 것은 무엇이었을까요?'로 풀어서 설명해도 되겠습니다. 어떤 의미에서 모세에게는 비전이 없는 것이 비전일 수도 있습니다. 있다면 하나님을 위해서 살아야겠다는 것이 비전일 수도 있습니다. 그것이 무엇인지 모르지만 그냥 이렇게 광야에서 양치기로 지내는 것일 수도 있습니다.

이 질문은 40년 간의 광야 생활에 대한 것을 상상해 보는 질문입니다. 성경에는 그 내용에 대해 자세한 언급이 없습니다. 그러나 40년의 긴 기간 동안 어떻게 지냈을까를 상상하면서 그림을 그려 보며 본문을 이해하는 것이 좋을 듯해서 이 질문을 했습니다. 교사는 확실한 답을 찾으려 하기보다는 그때 모습을 생각하면서 본문 속으로 들어가는 작업이 되도록 인도하면 좋겠습니다.

모세가 40년 동안 광야에서 생활할 때 모습은 외롭고 고독했습니다. 그때 모세에게 하나님은 부재(不在)의 모습이었습니다. 그러다가 어느 날 갑자기 호렙산에서 하나님이 모세에게 나타나셨습니다. 그때 모세는 어떤 심정이었을까요? 충분히 상상이 갑니다. 이미 나이가 든 노인으로서 아무것도 할 수 없는 상황에 된 이때에 하나님이 나타나셨습니다. 처음에 가졌던 모세의 비전은 40년 생활을 통하여 이제 거의 사라져 버렸을 것입니다. 모세의 생각과 꿈은 이제는 찾을 수 없고 그저 하루 삶에 만족하는 모습이 아니었을까 생각이 듭니다. 그것은 후에 모세가 하나님의 부름에 거부하는 모습에 잘 나타나 있습니다. 사실 왕자의 신분이었던 그가 지금 이런 모습이 된 것은 아주 큰 변화입니다. 수십 년이 지나도 과거에 대단했던 것을 자랑하는 우리 모습을 보면 말입니다. 어쩌면 하나님은 이때까지 기다린 것입니다. 지금 모세는 비전이 없습니다. 마음에 어떤 생각이 들었을지는 충분히 상상이 됩니다. 부르실려면 좀 더 일찍 부르셔야 되는 것 아닌가요 했겠지요.

그러면 지금 나타난 하나님은 어떤 하나님이십니까? 그 하나님은 시간이 지났어도 여전히 동일한 하나님이십니다. 그것은 6-9절에 잘 나타나 있습니다. '나는 네 조상의 하나님이니 아브라함의 하나님, 이삭의 하나님, 야곱의 하나님이다.' 한순간도 놓치지 않고 이스라엘 민족의 고통을 보고 계시고 아브라함과의 약속을 기억하시면서 이스라엘 백성을 지금까지 숨어서 보셨던 그 하나님이십니다. 신실하고 변하지 않는 그런 하나님이십니다. 언약을 기억하시고 그것을 이루시기 위해 나타난 하나님이십니다. 그 비전을 이루시기 위해 지금 모세를 부르고 있는 것입니다. 모세의 비전이 아닌 하나님의 비전을 이루기 위해서 말입니다.

어쩌면 역설적으로 그리스도인에게는 자기 비전이 없을 때가 그에게 가장 비전을 주기 좋은 때일 수 있습니다. 이것이 세상의 비전과 다른 점입니다. 많은 사람들이 이 부분에 대한 오해가 있어 비전 공부가 힘듭니다.

비전의 성경구절로 많이 사용하는 것이 잠언 29:18입니다.

"묵시가 없으면 백성이 방자히 행하거니와." 여기서 '묵시'가 영문본에서는 비전(vision)으로 번역되어 있습니다. 그러다 보니 마치 인간이 생각하는 미래의 계획이나 꿈으로 해석할 수 있습니다. "비전이 없는 백성은 망한다"라고 번역되기도 합니다. 그러나 이 성경구절의 묵시는 말씀을 뜻하는 것으로 비전은 곧 말씀을 의미합니다.

"말씀이 없으면 백성은 방자히 행하지만 율법을 지키는 자는 복이 있느니라."(잠 29:18)

그러므로 여기서 말하는 비전은 인간의 생각이나 계획이 아닌 하나님의 말씀이라고 이해하는 것이 성경적입니다. 결국 하나님의 말씀이 없으면 비전도 없는 것입니다. 말씀 안에서 우리는 비전을 찾아야 하고 하나님의 음성 속에서 비전을 찾는 것이 그리스도인의 올바른 비전 품기 모습입니다.

02

나의 영적 재능은 무엇인가?

마음열기

안데르센 동화 중에 나오는 〈미운 오리 새끼〉 이야기입니다.

유난히 큰 알에서 태어난 새끼 오리는 보통의 오리들과 다르게 생겼다는 이유로 주변 오리들에게 괴롭힘을 당한다. 처음에는 어미 오리가 다독여 주지만, 나중엔 어미 오리마저 새끼 오리가 사라져 버렸으면 좋겠다고 한탄한다. 이에 상처를 받은 새끼 오리는 집을 떠나고, 어느 마음씨 좋은 할머니의 집에서 지내게 된다. 하지만 그곳에 있던 고양이와 닭의 괴롭힘에 못이겨 새끼 오리는 또 도망쳐 나온다. 춥고 외로웠던 겨울이 지나 봄이 오고, 어느 날 우연히 새끼 오리는 자신이 하늘을 날 수 있음을 알게 된다. 연못에 비친 자기의 모습은 미운 오리 새끼가 아닌 순백의 백조였다. 못생긴 오리인 줄만 알았던 새끼 오리는 사실 아름다운 백조였던 것이다. 이후 미운 오리 새끼는 백조 무리 속으로 들어가 자유롭게 하늘을 날아다니며 행복하게 산다.

사람에게는 각자 고유한 특징과 재능이 있습니다. 인생은 이것을 발견하면서부터 자기의 가치를 알게 됩니다. 자기가 좋아하는 일과 잘하는 일을 중심으로 찾아보면 자신의 재능을 발견할 수 있습니다. 남과 비교하는 것은 좋지 않습니다. 나만의 강점을 찾는 일이 청소년기에 해야 할 일입니다. 열심히 하는 것보다,

목표를 위해서 달려가는 것보다 더 중요한 것은 자신의 재능이 무엇인지를 발견하고 그것을 통하여 비전을 이루는 것입니다. 관심을 갖고 찾아보면 누구나 자신의 재능을 발견할 수 있습니다.

말씀과 소통하기

• 로마서 12:3-8을 읽으세요.

1 자신의 은사에 따라 사용해야 합니다. 하나님은 각 사람에게 맞는 분량의 은사를 주셨습니다. 은사의 특징도 각각 다양합니다. 70억 중의 '나'는 고유한 나입니다. 하나님은 나만의 특징을 아십니다. 그것을 가지고 살아 가기를 원하십니다. 누구와 비교할 수 없습니다. 그렇다면 은사를 사용할 때도 나만의 것을 사용하는 것이 중요합니다. 재능과 은사 사용에서 문제가 생기는 것은 나의 것을 찾지 못하고 다른 사람의 것과 비교할 때입니다. 하나님이 주신 나만의 재능과 은사를 찾는 것이 필요합니다.

2 몸은 많은 지체로 구성되었습니다. 그러나 그것들은 같은 기능을 가진 것이 아닙니다. 여기서 한 가지 중요한 것은 많은 지체들이 서로 한 몸을 이루고 있다는 것입니다. 이것은 무엇을 의미합니까? 하나이지만 혼자서 존재하지 않고 서로 연결되어 있다는 것입니다.

교회 속에서 우리는 서로 지체가 되었습니다. 우리는 각자이지만 한 몸 속에서 지체입니다. 내가 교회요, 교회가 나입니다. 이것을 이해하고 교회 생활을 해야 합니다. 사회 생활도 마찬가지입니다, 나 혼자 살지만 이웃과 더불어 살아야 합니다. 혼자 무인도에서 살 수 없습니다. 개인주의가 되면 우리는 모두 멸망합니다. 자신만의 독립된 주체성을 가져야 하지만 아울러 서로 하나된 공동체 의식 또한 가져야 합니다.

3 하나님이 각 사람에게 주신 은사는 아주 다양합니다. 예를 들면 예언의 은사, 섬기는 은사, 가르치는 은사, 위로의 은사, 구제의 은사, 다스리는 은사, 긍휼의 은사 등입니다. 이 외도 많은 은사들이 있습니다.

4 은사는 나름대로 사용 원칙이 있습니다. 전체적으로는 개인보다 공동체에 유익을 주어야 합니다. 그리고 아울러 자신에게도 유익이 되어야 합니다. 이 중 어느 하나만 있어서는 안됩니다. 균형 있게 사용되어야 합니다. 예언이면 믿음의 분수대로, 섬기는 일이면 섬기는 일로, 가르치는 일이면 가르치는 일로 위로하는 자면 위로하는 일로, 구제하는 자는 성실함으로. 다스리는 자는 부지런함으로, 긍휼을 베푸는 자는 즐거움으로 해야 합니다. 자기 생각대로가 아닌 공동체에 유익을 주는 원칙 가운데 해야 합니다.

말씀과 공감하기

1 은사와 재능은 모두 하나님이 주신 것입니다. 이런 면에서는 같습니다. 차이점은 은사는 하나님을 위해서 사용할 때 은사가 됩니다. 우리는 이것을 영적 재능이라고 말하기도 합니다. 자기를 위해서 사용하는 것은 일반적인 재능입니다. 그 재능을 하나님을 위해서 쓰면 그것이 은사가 되기도 합니다. 은사와 재능은 같이 주어질도 수도 있고 서로 다르게 나타날 수도 있습니다. 일반 사람들에게도 모두 재능이 있습니다. 그러나 재능은 하나님과 관계를 맺어야 합니다. 그렇지 못하면 재능이 하나님을 거부하는 일에 사용될 수 있습니다.

그리스도인에게 은사가 중요한 이유는 하나님의 일을 자기 힘으로 하지 않게 하기 위해서입니다. 은사는 하나님의 선물입니다. 내 힘으로가 아닌 하나님이 주신 은사로 주님의 일을 해야 합니다. 이런 의미에서 은사는 그리스도인에게 절대적입니다. 하나님의 일을 하고 자기의 비전을 이루는 데 있어서 은사를 발견하고 그것을 계발하는 일은 중요합니다. 그래야 자기의 이름이 아닌 하나님의 영광을 드러내게 됩니다. 자기 능력이 아닌 은혜와 믿음으로 하기 위해서 하나님이 우리에게 은사로 주셨습니다. 은사는 예수 믿는 사람 모두에게 선물로 주셨습니다. 지금부터라도 자기에게 주신 은사가 무엇인지 찾아서 그것으로 하나님의 일을 해야 합니다.

하나님께 받은 은사는 하나님의 원리에 따라 사용해야 합니다. 자기 방법으로 하면 안됩니다. 예를 들면 사랑으로 해야 합니다. 모든 은사는 경쟁심이나 자기를 드러내는 것이 아니라, 사랑의 마음으로 사랑하기 위해서 사용해야 합니다. 구체적인 방법은 온유하며 투기하지 않으면 자랑하지 않으며 교만하지 않는 그런 방법입니다. 그리고 모든 은사는 공동체의 덕을 세우기 위한 것입니다. 은사는 자기의 유익이 아닌 하나님의 나라와 교회의 유익을 위해, 그리고 다른 사람을 세우고 섬기기 위해 주신 것입니다. 이것은 재능도 마찬가지입니다. 자기만을 위해 재능을 사용하면 나중에 불행해집니다. 재능을 잘못 사용한 예가 역사적으로 많습니다.

그리고 은사는 질서를 가지고 사용해야 합니다. 도가 넘치면 안되고 적당하게 주변과 조화를 이루어 사용해야 합니다. 이런 성경적인 원칙을 이해하고 은사를 사용할 때 아름다움이 더해집니다. 좋은 것일수록 잘못 사용하면 흉하게 되고 큰 죄를 범할 수 있습니다. 좋은 것일수록 사용 원리에 따라 잘 사용하는 지혜가 필요합니다.

03

하나님이 계획하신 진로를 탐색하라

마음열기

학교를 졸업하면 진로를 선택해야 합니다. 그런데 그 진로를 선택하는 것이 쉽지 않습니다. 특히 우리나라와 같은 교육 구조에서는 내가 원하는 진로를 택하기가 어렵습니다. 따라서 목적과 방향을 분명히 정하고 그 길을 달려가는 것이 중요합니다. 그런 사람이 나중에는 성공하게 됩니다. 인생길은 현재만 보지 말고 멀리 미래를 보면서 달려가야 합니다.

말씀과 소통하기

• 요한복음 21:15-23을 읽으세요.

1 베드로의 사명은 주님이 맡기신 양들을 먹이고 치는 일입니다. 즉 구원받은 사람들을 양육하고 훈련하여 제자를 삼는 일입니다.

2 베드로는 자기의 사명을 주님께 받았습니다. 그것은 자기가 원하는 대로 사는 것이 아니고 주님이 원하시는 대로 사는 것이었습니다. 네 팔을 벌리운다는 것은 암시적으로 십자가에 죽을지도 모른다는 것을 의미합니다. 순교의 모

습으로 인생을 마치게 될 수 있습니다. 전설에 의하면 베드로는 십자가에 거꾸로 매달려 로마에서 순교했다고 전해집니다.

3 베드로는 자기의 미래에 대한 내용을 주님께 받으면서 늘 같이 다녔던 사도 요한이 궁금해서 그는 어떻게 되느냐고 물었습니다.

4 예수님은 베드로에게 다른 사람의 일에 상관하지 말고 네 일이나 하라고 말씀하십니다. 각자 하나님이 주신 길이 다릅니다. 서로 비교하는 것은 올바른 행동이 아닙니다. 설사 주님이 재림하실 때까지 요한을 살려 둔다고 해도 그것은 베드로가 상관할 바가 아니라고 말씀하십니다. 내게는 내 일이 있습니다. 남과 비교하지 말고 나의 일에 매진하는 것이 중요합니다.

말씀과 공감하기

1 그리스도인은 세상 사람들과 모든 것이 달라야 합니다. 진로를 정할 때도 마찬가지입니다. 그리스도인의 진로는 하나님의 나라와 의를 구하는 것이 목표가 되어야 합니다. 다른 사람을 전도하고 그들을 제자 삼는 일이 목표가 되어야 합니다. 직접 제자를 삼지 못해도 그것을 위해 도움을 주는 일은 할 수 있습니다. 어떻게 하든지 그것이 주님의 나라를 확장하는 일이면 됩니다. 다양한 직업을 통하여 우리는 그 본래적인 목표를 이루어야 합니다.

먹든지 마시든지 무엇을 하든지 하나님의 영광을 위하여 일하는 사람이 되어야 합니다. 사람마다 특성과 재능이 다릅니다. 그렇기에 사람마다 자기가 하는 일이 다릅니다. 진로를 선택할 때 우리는 자기에게 맞는 하나님의 선물을 찾아서 그 일을 해야 행복합니다. 예를 들면 어떤 사람은 돈과 크게 상관없이 봉사하는 일이 직업이 될 수 있습니다. 그래서 많은 돈을 벌지는 못하지만 이웃을 섬기는 일에 힘을 다하면 그것이 아름다운 것입니다. 국민 각자가 자기의 맡은 일에 충실하면 그 나라는 부강한 나라가 됩니다.

04

실력을 키우라

마음열기

무엇이든지 그냥 되는 일이 없습니다. 목표를 정했다면 그것을 위해 투자를 해야 하는데 그것은 실력을 키우는 일과 연관됩니다. 앞으로는 실력으로 승부를 해야 합니다. 이것을 위해 실력을 꾸준하게 연마하는 일이 필요합니다. 실력이 있으면 언젠가는 인정을 받게 됩니다. 오랜 기간 동안 인내하고 참고 훈련하면서 실력을 쌓으면 누구나 성공할 수 있습니다.

실력이 있는 사람은 수를 쓰지 않고 정정당당하게 인생을 승부하지만 실력이 없으면 인간의 계략을 사용하려 합니다.

말씀과 소통하기

• 다니엘 1:8-21을 읽으세요.

1 무엇보다도 하나님께 뜻을 정하는 일입니다. 목표를 정하고 살면 어떤 어려움도 이길 수 있습니다. 하나님 앞에서 정결해야 할 자기 모습을 그리면서 그것을 지키기 위해 위험을 감수하는 일은 하나님이 주신 능력으로만 가능합

니다.

2 무조건 거부하면 그것은 자기 고집과 반항처럼 느껴질 수 있습니다. 그러나 다니엘은 무조건 거절하기보다는 그것에 대한 대안을 제시하면서 거절하는 지혜가 있었습니다. 열흘 동안 채식을 주어 먹게 한 후에 왕의 음식을 먹는 소년들과 비교하여 보고 그때 결정하자는 제안을 거부하기가 쉽지 않았을 것입니다.

3 열흘 후에 나타난 결과는 왕의 음식을 먹는 소년들보다 다니엘의 얼굴이 더 좋아 보였습니다.

4 이런 다니엘의 지혜는 하나님이 주신 것입니다. 학문과 모든 서적을 깨닫게 하는 지혜를 주셨습니다. 특히 다니엘은 모든 환상과 꿈을 깨닫는 능력을 얻었습니다. 인간의 노력으로는 한계가 있습니다. 하나님이 주셔야만 가능합니다. 왕이 볼 때 다니엘의 지혜는 당시 바벨론의 박수와 술객들보다 열 배나 나았습니다. 다니엘은 다른 사람과 비교하여 탁월한 실력을 소유하게 되었습니다.

말씀과 공감하기

1 우리가 하나님의 지혜를 얻으려면 일차적으로 하나님 앞에서 뜻을 정하는 결단을 해야 합니다. 하나님께 나의 마음을 드리지 않으면 하나님은 나를 위해 지혜를 주시지 않습니다. 일차적으로 마음의 결단이 중요합니다. 실력만으로는 한계가 있습니다. 믿음 안에서 실력이 커야 합니다. 믿음의 실력은 하나님을 전폭적으로 믿는 것을 의미합니다. 50%가 아닌 100% 믿음을 가져야 합니

다. 누가 믿음의 실력이 좋은가? 하나님을 절대 의지하는 믿음입니다. 물론 하루아침에 이런 실력이 키워지는 것은 아닙니다. 많은 연단과 훈련을 통하여 하나님만 신뢰하는 믿음이 나옵니다.

다니엘은 당시 박수와 술객들보다 열 배나 더하는 지혜를 가졌습니다. 실력으로 뛰어났습니다. 감히 다른 사람들이 다니엘을 따라오지 못했습니다. 어떻게 하여 이런 실력을 얻게 되었을까? 그것은 전적으로 하나님이 주신 것입니다. 인간의 노력으로 두 세 배의 효과는 얻을 수 있지만 열 배는 힘듭니다. 오늘 우리들도 내 힘으로가 아닌 하나님의 도움으로 실력을 키워 나가야 합니다. 좋은 선생님을 통하여 실력이 커 가듯이 하나님과 관계를 가짐으로 실력이 자라가는 사람이 되어야 합니다.

지혜와 총명함은 지식보다 위대합니다. 학교에서는 지식을 배우지만 지혜는 배우지 못합니다. 오히려 지혜는 가정과 교회에서 배웁니다. 생활에서 배웁니다. 지식을 넘어 지혜를 소유하는 실력을 가져야 합니다. 많은 사람들은 지식의 실력을 키우지만 우리는 지식과 아울러 지혜의 실력도 키워 나가야 합니다. 하나님을 꾸준하게 믿고 나가다 보면 우리도 다니엘처럼 열 배의 지혜가 넘치게 될 것입니다. 하나님이 선물로 소원하는 우리에게 지혜를 주실 것입니다.

05

충분히 준비하라

마음열기

실력은 그저 주어지는 것이 아닙니다. 많은 준비와 노력을 해야 얻어집니다. 인생을 통하여 얼마나 준비하며 사는지 그래프를 그려 가면서 스스로 점검하도록 합니다. 심은 대로 거둡니다. 많은 준비할수록 위대한 일을 합니다. 인생을 길게 보고 필요한 사항을 준비하는 자세가 필요합니다. 하나님은 기적을 일으키시지만 그렇다고 아무에게나 기적을 이루시지 않습니다. 충분히 준비하고 기다리는 사람에게 기적은 찾아옵니다.

말씀과 소통하기

• 출애굽기 16:1-15을 읽으세요.

1 엘림에서 신광야에 이르게 됩니다. 먹을 양식이 없어서 불평을 합니다. 모세와 아론을 향하여 원망을 합니다.

2 하나님은 하늘 양식인 만나를 내려서 이스라엘 백성을 먹이십니다. 단 그냥 주시는 것이 아니라 율법에 따라 만나를 주십니다. 여섯째 날에는 갑절을 주

어 안식일을 지키게 합니다. 아침에는 떡으로 저녁에는 메추라기로 일용할 양식을 주십니다. 이것을 통하여 하나님은 참 신이심을 알게 하는 데 목적이 있습니다.

3 백성들의 원망을 들으시고 하나님은 만나와 메추라기를 주심으로 응답하십니다. 이때 백성들의 원망은 모세와 아론에게가 아닌 하나님에게 하는 것이라고 하면서 책망하십니다.

4 만나를 아침까지 두면 썩어서 먹지 못하게 되었습니다. 모세가 아침까지 그것을 남기지 말라고 했으나 백성들은 그것을 아침까지 남겼습니다. 아침까지 남긴 것은 벌레가 생기고 냄새가 나서 먹지 못하게 되었습니다. 이것을 본 모세는 그들의 행동에 노했습니다.

말씀과 공감하기

1 인생은 그렇게 편한 것이 아닙니다. 많은 어려움이 기다리고 있습니다. 이것은 누구에게나 해당되는 일입니다. 목표를 가지고 실력을 쌓고 준비하면서 앞으로 나아가지만 닥치는 고난을 이기는 것은 그리 쉽지 않습니다. 어떻게 보면 고난은 세상의 실력으로 이기는 것이 아닙니다. 그것은 영적인 문제로서 믿음이 필요합니다. 믿음이 없으면 이해할 수 없는 고난을 이기기 쉽지 않습니다.

고난은 닥치는 상황을 보면 어렵지만 그 뒤에서 섭리하시는 하나님의 사랑으로 보면 거기에는 더 큰 계획이 있습니다. 하나님을 신뢰하고 분명하게 믿기 위한 고난입니다. 고난을 통하여 하나님의 사랑과 마음을 읽어야 합니다. 인간이 정한 목표를 향하여 나아간다 하더라도, 설사 그 목표를 이룬다 하더라도 그것으로 모든 것이 해결되는 것은 아닙니다. 목표를 이룬 그 속에 인간의 욕심이 작용하면 그것은 스스로를 불행하게 만듭니다. 인간의 탐욕을 제거하지 못하면 인생에서 성공한다 해도 그는 실패자가 됩니다. 이런 면에서 이스라엘 백성이 가나안에 들어가기 전에 해결해야 할 것은 자기 속에 있는 욕심입니다. 욕심이 많으면 원망과 불평이 생깁니다. 이것은 고난을 통하여 제거됩니다. 그런 이유로 하나님은 우리에게 고난의 훈련을 주십니다.

탐욕은 인간 속에 들어 있는 악한 모습입니다. 이것이 작용하면 하나님을 거부하고, 성공을 하고서도 더 악한 일을 행할 수 있습니다. 그래서 이런 영적인 믿음의 훈련이 필요하고 누구나 이것을 위한 준비를 빼놓지 말아야 합니다.

06

장애물을 정복하라

마음열기

만화의 자세한 내용입니다.

스누피로 유명한 미국의 만화가 찰스 슐츠는 학생 때 낙제 수준의 성적을 유지했다. 중학교 2학년 때는 모든 과목에서 낙제를 받았다. 고등학교는 최하위였다. 사람들은 그에게 관심이 없었다. 그는 낙오자였다. 그러나 그는 자기에게 재능이 있다고 믿었다. 그것은 그림이었다. 고등학교 졸업 후에 통신으로 미술교육을 받았다, 그것이 그가 받은 유일한 미술교육이었다. 그는 디즈니사에 만화가로 일하고 싶다고 편지와 함께 그림을 보냈지만 거절당했다. 그러자 그는 자신의 모자란 모습을 만화로 그렸다. 그 만화 주인공은 항상 모자란 행동을 하는 소년이었다. 결국 그의 작품 〈피너츠〉는 세계적으로 가장 인기를 얻은 연재 만화가 되었다. 전 세계 2,600개의 신문에 연재되었고 35개국에 수출했다.

어떤 목표를 이루기 위해서는 피할 수 없는 장애물을 잘 극복해야 합니다. 어떤 목표든지 장애물 없이 이룬 것은 없습니다. 어떻게 하면 장애물을 잘 통과할 수 있는지를 생각하면서 그것을 극복하는 법을 터득해야 합니다. 장애물을 장애물로 여기지 말고 그것을 강점을 이루어 내는 기회로 삼는다면 약점이 강점이 될 수 있습니다. 장애물은 피할 수 없습니다. 누구에게든지 있는 장애물을 어떻게 바라보아야 하는지 마음의 훈련을 해야 합니다.

말씀과 소통하기

• 출애굽기 14:1-14을 읽으세요.

1 이스라엘 백성이 바알스본 맞은편 바닷가에 장막을 치자 바로는 이스라엘 자손에게 애굽에서 멀리 떠나 광야에 갇힌 바 되었다고 말했습니다.

2 하나님이 바로의 마음을 강퍅하게 하자 바로의 마음이 완악하여져 이스라엘 백성의 뒤를 쫓았습니다. 그것은 바로를 통하여 애굽 사람들이 하나님을 하나님으로 알게 하기 위한 것이었습니다.

3 이스라엘을 쫓아가는 데 애굽의 모든 병거를 다 동원하였습니다. 그리고 이스라엘 뒤를 바짝 쫓아갔습니다.

4 이스라엘은 이런 애굽 군대의 모습을 모자 심히 두려워하며 부르짖었습니다. 그리고 원망하기를 "우리를 이 광야에서 굶어 죽게 하는냐? 이제 애굽 사람을 섬길 것이다. 우리가 애굽 사람을 섬기는 것이 광야에서 죽는 것보다 낫다"고 했습니다.

모세는 백성들에게 두려워하지 말고 가만히 서서 하나님이 오늘 이스라엘 백성에게 행하시는 구원을 보라고 말했습니다. 다시는 애굽 사람을 보지 못할 것이라 했습니다. 즉 애굽 사람을 멸하실 것이라는 말입니다. 그러니 가만히 하나님이 하시는 일을 보라고 말합니다.

말씀과 공감하기

1 이스라엘 백성이 출애굽하여 광야를 가다가 홍해를 만났습니다. 그러자 그들은 죽었다고 생각하고 모세를 원망하며 애굽으로 돌아갔으면 하고 생각했습니다. 이스라엘 백성이 홍해라는 장애물을 보고 앞으로 나아가지 못하고 주저앉은 것은 하나님을 아직 믿지 못했기 때문입니다. 눈앞에 닥친 바다만 보았지 그 너머 계시는 하나님을 보지 못했습니다.

오늘도 우리의 장애물은 보이는 것들입니다. 이것을 넘기 위해서는 모든 것을 주관하시는 하나님을 바라보아야 합니다. 장애물을 주신 것도 하나님이십니다. 홍해를 만드신 분이 하나님이심을 믿는다면 두려워하지 않을 것입니다.

장애물은 인간에게 필수불가결한 것입니다. 인생의 목표를 향해 갈 때 장애물 없이 이룬 사람은 하나도 없습니다. 목표를 이루려면 장애물을 어떻게 넘어야 하는지를 연구해야 합니다. 인생에 닥치는 장애물은 피하는 것이 아니라 돌파해야 합니다. 오랫동안 연습하고 준비하는 것 가운데 장애물을 넘는 것도 포함되어야 합니다.

장애물은 우리의 목표가 정말 분명한지를 보여주는 시금석입니다. 쉽게 포기하지 말고 해결해야 할 장애물에 도전하십시오. 기억하십시오. 장애물은 해결하라고 주신 것입니다.

07

재능을 강점으로 만들라

마음열기

삽화의 세부적인 내용입니다.

물리학의 선구자요, 세기의 천재로 알려진 아인슈타인은 네 살까지 말을 하지 못했습니다. 그런 그가 가장 먼저 배운 단어는 "왜"였습니다. 그의 아버지는 아인슈타인이 여덟 살 때까지 자기 아들이 저능아인 줄 알았다고 말했습니다. 하지만 아인슈타인에게는 궁금한 것을 못 참는 특별한 능력이 있었습니다. 아인슈타인은 "왜"라는 단어를 입에 달고 살았습니다. 그런데 아인슈타인은 학교에 적응을 하지 못했습니다. 그의 초등학교 학생기록부에 이런 기록이 있습니다.

"학과 과정을 따라가는 게 문제가 아니라 정상 생활이 가능한지 의심이 든다. 다른 아이들에게 방해가 될 뿐 아니라 더 이상 학교에 보내지 않았으면 좋겠다."

하지만 그의 어머니는 그에게 있는 강점을 계속 살려 15세 때 유클리드, 뉴턴, 스피노자, 데카르트의 책을 읽혔고, 그러한 노력의 결과 아인슈타인은 세계적인 물리학자가 되었습니다.

하나님은 인간 모두에게 능력을 주셨습니다. 그러나 그 사람이 천재적인 사람이 되는 것은 그 능력을 얼마나 극대화하여 사용하느냐에 달려 있습니다. 자기에게 있는 능력이 얼마나 큰지는 직접 사용해 보기까지는 알 수가 없습니다. 계발하기에 따라 발휘되는 능력은 엄청나기 때문입니다. 현재 내 능력을 극대화하기 위해 어떤 노력을 하고 있는지 각자 나누어 보면서 그 방법을 찾아보는 것도 유익할 것입니다.

말씀과 소통하기

•사사기 16:18-30을 읽으세요.

1 들릴라는 삼손의 힘의 비밀이 어디에 있는지 알아내었는데 그것은 바로 머리카락이었습니다. 들릴라는 즉시 삼손의 머리를 밀어 버렸습니다. 삼손의 엄청난 힘이 사라지고 말았습니다.

2 힘이 빠진 삼손은 아무 능력도 발휘하지 못하고 블레셋 사람에게 잡혀갔습니다. 그들은 삼손의 눈을 빼고 놋줄로 묶어서 맷돌을 돌리게 했습니다. 그러나 다시 삼손의 머리가 자라기 시작했습니다. 삼손은 블레셋 사람들의 노리갯감이 되어 그들의 신인 다곤 신전에서 재주를 부리는 일을 하였습니다.

3 모욕을 당하고 있던 삼손은 마지막으로 하나님께 기도했습니다. "이번만 나를 강하게 하셔서 블레셋 사람에게 원수를 갚게 하소서."

4 삼손이 집을 버틴 두 기둥 가운데 하나는 왼손으로 하나는 오른손으로 껴안고 힘을 다하여 몸을 굽히자 그 집이 무너져 그 안에 있는 방백과 백성들이 깔려 죽었습니다. 삼손이 살아 있을 때 죽인 사람보다 이때 죽인 자가 더 많았습니다.

말씀과 공감하기

1 하나님이 삼손에게 주신 강점은 힘이었습니다. 다른 사람보다 힘이 강하여 그 힘으로 블레셋 사람들을 물리쳤습니다. 그러나 삼손은 교만하여 자기의 강점을 더 극대화하지 못하고 실패하고 말았습니다.

교만한 사람은 더 이상 배우지 않습니다. 그 힘을 누리려고 하고 자랑합니다. 그러나 겸손한 사람은 자기의 부족함을 알고 배우려고 하면서 더욱 더 강점을 극대화합니다.

삼손의 힘은 자기가 만든 것이 아닌 하나님이 주신 것입니다. 삼손은 그것을 모르고 하나님 앞에 겸손하게 기도하지 못했습니다. 이것이 그가 무너진 이유입니다. 나의 강점을 극대화하기 위해서는 나의 노력도 중요하지만, 더 중요한 것은 하나님을 의지하는 것입니다.

삼손은 하나님께 의지하고 회개하면서 하나님으로부터 더 큰 힘을 부여받아서 그가 살았을 때보다 더 큰 일을 해냈습니다. 여기서 인간의 강점은 사람에게서가 아닌 하나님에게서 오는 것을 알 수 있습니다. 하나님을 의지하면 우리도 강점이 극대화되어 놀랍게 사용할 수 있습니다. 지금이라도 하나님을 의지하여 나의 강점을 극대화하여 하나님의 영광을 위해 사용하게 해 달라고 기도하는 것이 필요합니다.

08

좋은 성품을 계발하라

마음열기

그림에 대한 설명입니다.
부정적인 성품-시기, 질투, 미움, 욕심, 싸움, 험담, 비난
긍정적인 성품-배려, 나눔, 경청, 정직, 소통, 공감, 기쁨

성품은 곧 그 사람입니다. 좋은 사람이 된다는 것은 좋은 성품을 가지는 것을 의미합니다. 사람에게 있는 좋은 성품과 나쁜 성품은 아주 다양합니다. 그것을 분별하여 스스로 살피는 것이 중요합니다.

사실 사람에게는 좋은 것이 없습니다. 죄로 물들었기에 악한 성품이 전부입니다. 그러나 하나님을 만나면서 점차 좋은 성품이 내 안에서 자라게 됩니다. 좋은 사람을 만나면서 성품이 좋아지듯이 말입니다. 그리스도를 만나면 점차 그리스도처럼 되어 갑니다. 생각하고 말하는 것이 예수님을 닮게 됩니다.

말씀과 소통하기

• 창세기 1:26-31을 읽으세요.

1 하나님이 인간을 만드실 때는 하나님의 형상을 따라 하나님의 모양대로 만드셨습니다. 인간은 하나님의 형상을 따라 만들어졌는데, 이는 즉 하나님의 성품을 가졌다는 말입니다. 이것이 본래의 사람의 모습입니다.

2 하나님은 인간에게 하나님의 형상을 닮은 성품으로 세상을 정복하고 충만하고 번성하라고 하셨습니다.

3 세상의 피조물들을 하나님을 대신하여 다스리는 권한을 부여받았습니다. 씨 맺는 채소와 씨 가진 열매의 나무를 먹을 거리로 주셨습니다.

4 하나님은 이렇게 창조하신 것을 보실 때 심히 좋았습니다. 즉 하나님이 하신 것은 아름다운 창조입니다.

말씀과 공감하기

1 하나님의 성품을 가진 인간의 본래 성품은 선하고 좋은 것입니다. 즉 의와 진리와 거룩함입니다. 또 착함과 의로움과 진실함입니다.

이것은 인간에게 있는 신의 성품입니다. 사람이라면 모두가 이런 성품을 발휘하면서 살아야 합니다. 하나님의 성품을 가진 인간은 하나님의 마음을 가지고 세상을 다스리고 정복해야 합니다. 인간의 생각대로가 아닌 하나님의 마음을 가지고 대리자로서 세상을 관리해야 합니다. 그럼에도 인간은 그렇게 하지 못하고 악한 성품을 가지고 세상을 잘못 관리하는 경우가 많습니다.

인간의 삶은 인간의 성품대로 나타납니다. 성품이 변해야 삶도 변합니다. 왜냐하면 행함도 그 사람의 성품대로 나타나기 때문입니다. 본질의 변화가 일어나야 행함도 변화가 일어납니다. 이런 면에서 성품의 변화는 중요합니다.

우리 안에 악한 성품이 많은 것은 우리가 아직도 죄 가운데 있기 때문입니다. 악한 성품은 하나님의 창조 때 부여받은 것이 아닌 죄로 인하여 타락한 결과입니다.

이런 성품이 우리를 지배하는 한 우리의 삶은 악하게 됩니다. 악한 행동은 우리 안에 있는 악한 성품에서 나오는 것들입니다. 새 마음으로 새로운 성품을 입지 않으면 옛 성품이 나를 사로잡아 나의 삶과 행동이 악하게 됩니다.

아무리 큰 업적을 이루고 좋은 결과를 내도 자기의 성품이 변하지 않으면 그는 실패한 것입니다. 성품이 변하지 않음으로 성공 이후에 오히려 실패하는 사람들의 예가 많습니다.

09

끝까지 포기하지 말라

마음열기

그림에 대한 설명입니다.

- 레오나르도 다빈치: 세기의 위대한 화가. 〈최후의 만찬〉을 그리기 위해 10년의 기간이 걸렸다
- 베이비 루스: 미국의 영원한 홈런 왕. 그는 스트라이크 아웃을 가장 많이 당한 선수다. 삼진왕이라는 별명을 얻었다.
- 밀턴: 52세 때 실명. 아내의 죽음. 감옥에 간힘. 그러나 역경 속에서 15년 후에 불후의 명작인《실락원》완성.

자료를 읽고 자신이 여기에 나오는 예와 같은 경우가 있었는지 이야기 해보십시오. 아울러 나의 비전과 사명을 가지고 이야기하면서 어떤 경우에 그만두고 포기했었는지 나누어 보도록 합니다. 포기하지 않는 믿음을 갖기 위해서 무엇을 해야 할지도 서로 나누어 보십시오.

말씀과 소통하기

• 마태복음 15:21-28을 읽으세요.

1 두로와 시돈은 당시에는 이방 지역이었습니다. 이방 땅의 가나안 여자가 자기 딸이 귀신 들린 문제를 구했습니다.

2 예수님은 그 여자의 부르짖음에 한 말씀도 하지 않으셨습니다.

3 제자들이 예수님께 와서 여자가 뒤에서 소리를 지른다고 상황을 설명하자 예수님은 "이스라엘 외에는 내가 보내심을 받지 않았다"고 말씀했습니다. 그러나 여자는 포기하지 않고 예수님께 다가와 절하며 도와달라고 했습니다. 그때 예수님이 또 한번 기분이 상하는 이야기를 하셨습니다. 개와 같은 이방인들에게는 자녀의 떡을 주지 않는다는 것이었습니다.

그럼에도 여자는 포기하지 않고, "그 말이 옳지만 개들도 제 주인의 상에서 떨어지는 부스러기는 먹는다"고 작은 가능성에 매달렸습니다.

4 예수님은 이런 여자의 행동을 보시고 "여자여 네 믿음이 크도다. 네 소원대로 되리라"고 말씀하시면서 그 여자의 딸을 낫게 하셨습니다.

말씀과 공감하기

1 예수님이 계속되는 여자의 간구를 거절하신 이유는 그의 믿음을 보기 위해서였습니다. 믿음을 가지고 있지 않으면 이러한 예수님의 말씀에도 불구하고 계속 구하기 어렵습니다. 여기서 체면과 기분에 근거하지 않고 사실에 근거하여 예수님을 따르는 여인을 봅니다. 왜냐하면 예수님의 말씀은 사실적으로

볼 때는 틀린 말이 아니기 때문입니다.

우리가 무엇을 이루기 위해서는 감정에 의해 움직이면 안됩니다. 언제나 사실에 근거하여 행해야 합니다. 사실을 그대로 인정하고 그것에서 가능성을 찾아야 합니다. 여자는 예수님이 분명히 고칠 수 있다는 믿음을 가지고 있었습니다. 그렇기에 끈질기게 예수님을 따랐습니다. 그리고 예수님 이외에 다른 방법이 없다는 생각도 작용했을 것입니다. 만약 다른 곳에서도 이것이 해결될 수 있다고 하면 중도에 그만두었을 것입니다. 그러나 오직 이것은 예수님만이 하실 수 있다는 생각에서 이렇게 구할 수 있었습니다. 그리고 여자는 자기 딸을 많이 사랑했기에 감정이나 기분을 넘어서 끝까지 포기하지 않고 주님에게 구했습니다.

우리들의 삶도 이와 같습니다. 목표를 이루지 못한 것은 인내하지 못해서입니다. 끝까지 달려가야 하는데 그것이 잘 안 됩니다. 그래서 중간에 도중하차하지 말고 끝까지 앞으로 나아가는 믿음이 필요합니다. 하나님이 함께하시면 틀림없이 이루실 줄을 믿는 믿음으로 말입니다. 무슨 일을 하다가 그만두는 가장 큰 이유는 그것에서 가능성을 발견하지 못해서입니다. 1%라도 가능성이 있다면 그것에 도전하는 자세가 중요합니다. 가나안 여인은 예수님이 "개에게 자녀의 떡을 주지 않는 것은 당연하다"고 했을 때 절망적이었을 것입니다. 그러나 거기서 "개들도 주인의 상에서 떨어지는 부스러기는 먹는다"는 작은 믿음을 발견하고 그것에 도전했습니다. 우리도 작은 1%의 가능성만 있어도 포기하지 않고 전진하면 언젠가는 이 여인처럼 응답되는 일이 있을 것입니다.

큰 믿음은 작은 1%을 보는 데서 일어납니다. 큰 것만 보고 작은 것을 보지 못한 것이 실패의 요인이 됩니다. 그리고 포기하는 원인이 됩니다.

10

날마다 새롭게 하라

마음열기

고인 물은 썩기 마련입니다. 성공의 문턱에서 무너지거나 성공을 오래 지속하지 못하는 이유는 날마다 새롭게 하지 못해서입니다. 새로운 창조력을 가지고 매일을 디자인하는 자세가 중요합니다. 나의 창조력과 응용력은 어느 정도인가를 점검해 보도록 합시다.

새로움을 얻기 위해서 내가 해야 할 일은 무엇이라고 생각하는지도 함께 말해 보십시오.

말씀과 소통하기

• 요한복음 2:13-22을 읽으세요.

1 예수님이 유월절이 가까워진 때에 성전에 가셔서 본 장면은 성전 안에서 소와 양과 비둘기를 파는 사람들과 돈 바꾸는 사람들이었습니다.

2 노끈으로 채찍을 만들어 양과 소를 성전에서 다 내쫓으시고 돈 바꾸는 사람들의 돈을 다 쏟으시며 상을 뒤엎었습니다.

3 '주의 전을 사모하는 열심이 나를 삼키리라'는 시편 69:9의 말씀입니다.

4 표적을 구하는 유대인을 향해 예수님은 "성전을 내가 헐고 사흘 동안 일으킬 것"이라고 말했습니다. 그러자 유대인은 46년 동안 이 성전을 지었는데 어떻게 3일 동안에 일으킬 수 있느냐고 했습니다. 이 말씀은 예수님이 십자가에 죽으시는 것을 의미했는데 제자들은 예수께서 부활하신 이후에야 이것을 깨달았습니다.

말씀과 공감하기

1 성전은 기도하는 곳입니다. 그런데 성전이 장사하는 곳이 되었습니다. 이것은 유대인들의 성전이 타락하여 더 이상 성전이 되지 못했음을 의미합니다.

우리 몸도 성전입니다. 우리가 하나님에 대한 생각으로 가득 차지 못하고 인간의 생각으로 가득 차면 그것은 거룩한 성전으로서 가치가 사라집니다.

이것은 점점 타락해져 가는 그리스도인의 삶과도 연관이 있습니다. 처음에는 거룩한 모습을 지니다가 새로움이 사라지면서 부패하여 인간적인 모습이 되는 좋은 예입니다. 무언가 이루었다고 생각하면 그 순간 타락이 시작됩니다. 계속적인 성장을 위해서 주님 앞에 자기를 돌아보는 시간이 필요합니다.

타락한 성전이 새롭게 되는 길은 다시 헐고 새롭게 세우는 것입니다. 이것은 주님의 십자가 죽음을 통해서 이루어지는 일입니다. 단순히 건물을 새롭게 건축한다는 의미가 아니라 이제는 성전의 개념이 변화된다는 것을 말합니다. 진정한 성전은 건물이 아닌 사람입니다. 사람이 새롭게 되는 것입니다. 그것은 예수님의 십자가 죽음을 통해서만이 이루어질 수 있습니다. 오늘도 나를 날마다 새롭게 갱신하는 일이 일어나지 않으면 그리스도인의 삶도 부패합니다. 날마다 새롭게 회개하고 주님을 바라보는 삶을 살아야 합니다.

그런데 갱신은 나의 힘으로 안 되고 오직 그리스도의 십자가를 믿는 믿음과 은혜를 통해서만 가능합니다. 왜냐하면 인간은 죄인이기에 스스로 자기를 새롭게 할 수 있는 능력이 없습니다. 이것은 오직 주님을 믿음으로만 가능합니다.

새롭게 주님을 바라보면서 날마다 갱신하는 것이 기독교인의 삶입니다. 세속화되지 않고 하늘나라를 바라보면서 사는 일이 참된 그리스도인이 해야 할 일입니다. 그런데 이것은 쉬운 일이 아닙니다. 인간은 끊임없이 자기의 욕망에 사로잡혀 살기 때문에 계속적인 회개가 없으면 자기도 모르게 타락하여 오늘 살펴본 성전의 제사장들처럼 됩니다.

날마다 새롭게 된다는 것은 날마다 주님 앞으로 나아간다는 것을 의미합니다. 매일 주님을 의지하고 주님의 힘으로 살아가는 것입니다. 하루라도 내 힘으로 산다고 하면 그것은 교만입니다. 주님의 은혜를 사모하고 주님의 사랑으로 살아감을 인정하는 일이 매순간 일어나야 합니다. 그것은 말씀을 통하여 새롭게 됩니다. 말씀을 통하여 새로운 창조가 일어납니다.

양육 3년차 3

왜 인생수업인가?

01

전인적인 삶을 살라

마음열기

인간은 기계가 아닙니다. 조립품이 아닙니다. 인간은 전인적인 유기체입니다. 어느 하나로 인간을 말할 수 없습니다. 전체로서의 인간이 진정한 인간입니다. 그럼에도 지금 우리 사회는 인간이 기능인이 되면서 전인성이 사라지고 있습니다.

사람을 볼 때 어느 한 부분으로 보지 않습니다. 만약 그렇게 본다면 기분이 상할 것입니다. 아름다운 인간이란 전체 속에서 조화를 이루는 삶을 사는 사람을 말합니다.

말씀과 소통하기

• 누가복음 10:25-37을 읽으세요.

1 율법에 무엇이라 기록되었으며 네가 어떻게 읽느냐?

"무엇이라 기록되었으며"는 사실적인 내용을 말하고 "네가 어떻게 읽느냐?"는 해석적인 질문을 의미합니다. 이것을 아는 데 그치지 않고 행하면 살 것이라고 말했습니다.

2 “내 이웃이 누구입니까?” 하는 질문입니다. 이것은 자신을 옳게 보이려고 하는 질문이었습니다.

3 강도 만난 사람을 보고 제사장과 레위인은 그냥 지나쳤으나 사마리아 사람은 그를 보고 불쌍히 여겨 가까이 가며 기름과 포도주로 싸매어 주고 주막에 데리고 가서 돌보아 주었습니다. 그리고 비용이 더 들면 돌아올 때 갚을 것이라고 했습니다. 예수님은 이야기에 대한 질문으로 “네 생각에 이 세 사람 중에 강도 만난 자의 이웃은 누구인가?” 하고 물었습니다.

4 율법사는 ‘자비를 베푼 자’라고 말했습니다. 그러자 예수님은 “너드 가서 이와 같이 하라”고 하셨습니다.

말씀과 공감하기

1 하나님과 이웃을 사랑하는 삶은 지식적인 것만 아닌 전인적으로 해야 합니다. 이것이 마음과 목숨과 힘을 다하여 사랑하라는 뜻입니다. 이것은 지·정·의를 모두 동원하여 사랑하는 것을 말합니다. 신앙은 부분적이 아니라 전인적으로 행해야 합니다. 그리고 내 몸처럼 사랑하는 것은 자신을 먼저 그렇게 사랑하라는 것입니다. 그것이 안 되면 다른 사람을 사랑하는 것도 힘듭니다. 언제나 자기 자신을 사랑하는 모습으로 다른 사람을 사랑해야 하는 것입니다.

“무엇이라 기록되었느냐”는 지식적인 것입니다. 머리에 해당되는 내용입니다. 부분적인 것입니다. 눈에 보이는 대로 읽습니다. 물질적인 것입니다. 관찰하는 능력입니다. 수학적이고 과학적인 것이 여기에 해당됩니다.

그러나 “어떻게 읽느냐”는 해석적인 것으로 마음에 해당됩니다. 이것은 눈에 보이지 않는 것으로 깊은 것을 아는 것입니다. 전체적이고 영적입니다. 측

정이 힘든 것으로 상상력과 창조력을 필요로 합니다. 마음에 깨달음이 오는 부분입니다.

"이와 같이 행하라"는 것은 실천적인 것입니다. 알고 깨달은 것을 실천해야 합니다. 그렇지 못하면 지식의 가치는 없습니다. 우리가 배우고 깨닫는 모든 것은 결국 실천하기 위함입니다. 삶에서 행하는 것으로 이어지지 못하면 의미가 없습니다.

예수님은 지금 율법학자에게 지식적인 것과 깨닫는 것에서 이제는 실천으로 나아가라고 말씀하십니다. 오늘 예수님에게 찾아온 율법학자는 지식과 깨닫는 것은 잘 했는데 그것을 실천하지 못하는 데 문제가 있었습니다. 오늘 우리도 전인적인 삶으로 나가야 합니다. 즉 알고 믿는 것에서 실천까지 나아가는 신앙이 되어야 합니다.

02

좋은 마음을 품으라

마음열기

갇힌 공간인 감옥과 수도원은 생각하기에 따라 전혀 다른 곳이 될 수 있습니다. 감옥도 수도원이라 생각하고 살면 유익할 수 있습니다. 모든 것은 마음먹기에 달려 있습니다. 마음을 어떻게 갖느냐에 따라 우리의 모든 삶이 달라집니다.

모든 것은 마음에서 나옵니다. 그런데 우리는 그동안 마음을 등한시했습니다. 마음에서 시작하기보다는 지식에서 교육이 출발했습니다. 이제는 달라져야 합니다. 마음입니다. 마음을 새롭게 하고 마음을 크게 만드는 교육이 되어야 하고, 십대의 삶이 되어야 합니다. 주어진 자료를 통하여 우리는 마음의 소중함을 새롭게 깨달아야 합니다.

말씀과 소통하기

• 마태복음 15:10-20을 읽으세요.

1 사람을 더럽게 하는 것은 입으로 들어가는 음식이 아닙니다. 사람의 입에서 나오는 보이지 않는 악한 것들입니다. 다시 말하면 사람의 말입니다. 말을 통해서 사람은 자기의 악한 것들을 드러냅니다.

2 바리새인은 자기가 지도자라고 하지만 실제는 영적으로 무지한 맹인과 같습니다. 맹인은 앞을 보지 못합니다. 바리새인도 영적 세계를 이해하지 못한 채 잘못 가르치고 있습니다. 이것을 맹인으로 비유하고 있습니다. 바리새인과 유대인들은 자기들의 전통을 하나님의 말씀보다 우위를 두는 일을 함으로써 말씀을 제대로 깨닫지 못하고 있습니다.

3 입으로 들어가는 것이 사람을 더럽게 하는 것이 아니라 입에서 나오는 것이 사람을 더럽게 합니다. 이 말이 바리새인들에게는 걸림돌이 되었습니다. 예수님의 비유에 대한 해석은 마음이 사람을 더럽게 한다는 것입니다.

4 마음에서 나오는 악한 생각과 살인과 간음과 음란과 도둑질과 거짓 증인과 비방이라고 말합니다. 이것들 가운데 외적 행동들이 많이 있는데 사실 이것은 다 마음에서 나온 것이라는 의미입니다. 마음의 악함이야말로 사람을 가장 더럽게 하는 요인이라는 것입니다.

말씀과 공감하기

1 마음이 거듭나야 합니다. 옛 마음이 아닌 새로운 마음을 가져야 하는데 이것은 인간의 힘으로는 불가능하고 하나님이 새 마음을 선물로 주셔야 합니다. 거듭나야 하고 구원받아야 합니다. 거듭나지 않은 옛 마음으로는 우리의 마음을 정결하게 할 수 없습니다. 마음이 새로워야 삶의 변화가 일어납니다. 마음이 주님을 영접해야 합니다. 마음에 주님이 들어가 나의 주님이 되어야 합니다. 그것만이 나의 마음을 새롭게 할 수 있는 길입니다.

03

육신의 생각을 버리라

마음열기

4단계 실험의 내용입니다.

1단계-눈을 감고 아무것이나 생각하게 한다.

2단계-어떤 상황에서도 강아지를 생각하지 말라고 하면서 강아지에 대해서 설명을 한다.(예를 들면, 귀여운 코, 꼬리를 흔드는 모습, 짖어대는 소리 등등)

3단계-독수리로 바꾸어 이야기하되 앞의 2단계와 같은 방법으로 한다.(매서운 눈, 높이 나는 모습, 위엄을 갖춘 깃털과 부리 등 앞의 강아지보다 더 재미 있게 갈한다)

4단계-처음에 말한 강아지에 대해 생각나는 것을 말하게 한다.

사람의 마음은 생각하지 말라고 해도 자꾸 떠오르게 합니다.

1. 한 번 마음에 심어진 생각은 계속 떠올라서 자기를 지배하게 됩니다. 그만큼 마음에 심어진 생각은 무섭습니다. 이 실험을 통해 인간의 생각에 대한 것을 정리하면 좋겠습니다.
2 육신의 생각을 없애는 길은 새로운 성령의 생각을 마음에 품고 그것을 심는 것입니다. 그렇게 되면 자연히 거룩한 생각으로 바뀌게 됩니다. 이것이 성경의 원리입니다.

말씀과 소통하기

• 로마서 8:5-15을 읽으세요.

1 육신을 따르는 자는 육신의 일을, 영을 따르는 사람은 영의 일을 생각하게 됩니다.

2 육신의 생각은 사망이지만 영의 생각은 생명과 평안입니다.

3 우리 안에 하나님의 영이 거하시면 우리가 육신에 있지 아니하고 영에 있게 됩니다. 즉 영으로 육신의 생각을 죽일 수 있습니다. 육신적인 생각을 제어할 수 있습니다. 주님이 주시는 새로운 영으로 우리 안에 이런 일이 일어납니다.

4 육신의 생각이 아닌 영의 생각으로 살아야 합니다. 몸을 죽이는 것은 영으로써만 가능합니다. 육신으로 육신을 죽일 수 없습니다. 생각도 육신의 생각으로 있으면 여전히 육신의 생각이 됩니다. 영의 생각으로 육신의 생각을 죽이는 훈련이 필요합니다. 육신의 생각은 이미 우리 안에 있는 생각입니다. 영의 생각은 주님의 은혜로 새롭게 선물로 주어진 것입니다. 내가 스스로 만들 수 없습니다. 양자(하나님의 자녀)의 영을 받아야 합니다. 양자의 영으로 충만하면 그 영으로 육신의 생각을 넘어 영의 생각으로 살게 됩니다.

말씀과 공감하기

1 내 생각을 포기하기 어려운 것은 본질적으로 인간이 가지고 있는 욕망 때문입니다. 그것이 나를 지배하고 있는 한 내 생각이 우선이 됩니다. 가장 힘든 것이 내 생각을 포기하는 것입니다. 새로운 생각이 들어오지 않는 한 내 생각

을 포기하는 것은 불가능합니다. 새로운 영의 생각이 내 안에 자리 잡고 그것을 사모해야 합니다. 그리고 그것이 나의 생각을 지배하도록 해야 합니다.

이런 면에서 예수님을 영접해야 하고 그렇게 될 때 비로소 예수님이 나를 지배하는 삶으로 변화되게 됩니다.

04

거룩한 몸을 이루라

마음열기

몸의 건강을 유지하는 것은 많은 사람들의 바람입니다. 그런데 몸과 마음은 하나입니다. 몸이 병들면 마음도 병이 들기에 평소에 몸의 건강을 위해 노력하는 것은 당연한 일입니다. 특히 신앙에서도 몸은 중요한 위치에 있기에 나름대로 건강법을 터득하여 실천하는 것이 중요합니다. 특히 십대에 잘못 길들여진 습관과 음식은 평생 건강을 해치게 됩니다.

말씀과 소통하기

• 로마서 12:1-13을 읽으세요.

1 우리의 몸을 하나님이 기뻐하시는 거룩한 산 제사로 드려야 합니다. 하나님의 영광을 위해 몸을 사용하는 것은 그리스도인의 마땅한 의무입니다. 몸을 건강하게 하는 것도 결국은 자기를 위해서가 아닌 하나님의 영광을 위해서 건강해야 합니다.

몸의 사용이 달라지기 위해서는 먼저 생각과 마음의 변화가 일어나야 합니다. 몸은 마음과 생각에 의해서 움직이기에 그렇습니다. 언제나 자기 분수에 맞는 생각을 가져야 하고 그 이상의 생각을 품는 것은 조심해야 합니다.

2 서로 지체가 된 것처럼 서로를 위해 봉사하고 유익을 구해야 합니다.

3 몸의 실천은 곧 다양한 은사로 나타나는데 예를 들면 가르치는 일, 섬기는 일, 구제하고 긍휼을 베푸는 일 등으로 삶의 변화가 일어나야 합니다.

4 서로 존경하고 사랑하며 부지런하게 섬기고 손 대접하는 일 등입니다. 몸과 손과 발을 사용하여 이웃을 섬겨야 합니다. 우리의 몸은 이런 봉사를 위한 손발이 되어야 합니다. 생각하고 깨달은 대로, 마음이 가는 대로 몸도 움직여 삶에서 실천으로 나타나야 합니다.

말씀과 공감하기

1 왜 몸이 움직이지 않을까요? 왜 실천이 안 될까요. 손과 발과 몸이 다가서지 못하는 것은 마음과 생각에 악한 것들이 가득해서입니다. 자기만 생각하는 이기심이 가득 차면 우리의 몸은 게으르게 됩니다. 봉사하는 것을 꺼리고 오히려 다른 사람을 해치는 데 몸을 사용하게 됩니다. 몸을 잘 사용하는 것이 곧 마음을 지키는 비결이기도 합니다. 마음에 들어오는 죄악의 모습도 알고 보면 몸을 잘못 사용해서 생기는 것들이기에 우리의 몸을 함부로 사용하면 안됩니다.

우리의 몸은 하나님이 주신 것입니다. 내 것이 아닙니다. 하나님이 주신 것이기에 잘 다스리고 건강에 힘을 써야 합니다. 그것이 하나님이 기뻐하시는 일입니다. 우리의 모든 것이 예배가 되어야 합니다. 우리의 몸을 하나님을 위해서 사용하면 그것이 곧 예배입니다. 그런 의미에서 영적 예배라고 말할 수 있습니다. 우리의 몸은 단순한 몸이 아닌 하나님의 거룩한 성전입니다. 악한 습성이 몸에 들어오지 않도록 해야 합니다. 술이나 담배나 약물이나 좋지 못한 것들이 우리 몸을 상하게 하지 않도록 조심해야 합니다. 우리의 몸을 자신을 위한 욕망의 도구나 쾌락의 도구로 사용하지 말고 하나님의 영광을 위한 선한 도구로 드려야 합니다.

05

나의 강점을 살려라

마음열기

사람마다 강점이 있습니다. 하나님은 우리를 태어나게 하실 때 나만이 가지는 강점을 주셨습니다. 그것을 발견하여 삶에 적용한다면 누구나 성공할 수 있습니다.

링컨의 그림 자료를 보고 자신의 삶과 비교하면서 정리하도록 합니다. 누구에게나 있는 강점과 약점을 그룹원들이 서로 발견하면서 도와주는 시간이 되면 좋겠습니다. 나는 잘 몰라도 이웃 사람들은 나에 대해 알 수 있기 때문입니다. 쪽지를 나누어 주면서 이름을 밝히지 않고 '내가 보는 강점과 약점'을 적도록 하는 방식을 취해도 좋겠습니다.

말씀과 소통하기

•고린도후서 4:7-18을 읽으세요.

1 그리스도인에게는 세상 사람들과 다른 보배가 있습니다. 이 보배는 예수 그리스도입니다. 이것이 세상 사람들이 갖지 못하는 최고의 강점입니다.

2 우격 싸움을 당하거나 답답한 일을 당하거나 핍박을 받고 버림을 당해도 망하지 않고 실패하지 않는다는 사실을 믿고 살아야 합니다. 왜냐하면 우리 안에 가장 큰 보배가 있기 때문입니다. 이것은 주변의 환경으로 인하여 사라지는 것이 아니기 때문입니다.

3 그리스도를 믿는 믿음입니다. 내 안에 있는 보배가 가장 크고 위대하다는 사실을 아는 순간 우리는 위대한 일을 할 수 있습니다. 예수님이 내 안에 있는 한 우리는 그분과 함께 죽고 그분과 함께 살아나게 됩니다. 영생을 얻었고 죽어도 죽지 않는 복이 있습니다. 이 믿음으로 우리는 하나님을 영화롭게 하는 삶을 살아야 합니다.

4 이미 우리 안에 위대한 강점이 있기에 그것을 기초로 하여 희망을 품고 나아가야 합니다. 그러면 우리는 무엇이든지 할 수 있습니다. 그분이 능력을 주시면 못할 일이 없습니다. 따라서 어떤 경우로도 낙심하는 일은 금물입니다. 고난이 올수록 우리 안에 있는 보배의 가치는 더욱 커집니다.

보이는 것보다 보이지 않는 내 안에 있는 위대한 힘인 믿음을 부여잡고 나아가야 합니다. 그것이 그리스도인이 가지는 최대의 강점입니다. 영원한 그것을 가지고 잠시 있다 사라지는 이 세상에서 힘을 발휘한다면 세상 사람보다 뛰어난 삶을 살 수 있습니다. 힘들수록 우리 안에 있는 강점은 더 빛이 납니다. 밖을 보지 말고 내 안을 바라보는 지혜가 필요합니다.

말씀과 공감하기

1 인간은 태어날 때 하나님이 모든 사람에게 주신 자연적인 재능이 있습니다. 세상의 교육은 그것을 발견하고 그것을 극대화하는 재능 교육입니다. 그러

나 그리스도인에게는 그보다 한 단계 넘어선 은사가 있습니다. 모든 그리스도인에게 주어진 영적 재능인 은사를 발견하고 그것을 극대화하는 것이 모든 그리스도인들이 가져야 하는 자세입니다. 성경에 나오는 다양한 은사들의 목록을 정리하여 삶에 적용한다면 하나님께 큰 영광이 될 것입니다.

재능과 은사의 차이점은 재능은 자신을 위해서 사용하는 것이고, 은사는 하나님을 위해서 사용하는 것입니다. 재능을 하나님을 위해서 사용하면 그것은 은사가 될 수 있습니다. 하나님을 위해서 재능을 사용하면 그것이 은사로 발전하여 다니엘처럼 열 배의 지혜가 주어질 것입니다.

그리스도인들이 은사를 계발하지 못하고 사용하지 못하는 예가 많습니다. 십대에 이것이 계발된다면 더 없는 은혜가 되고 아름다운 미래가 열릴 것입니다. 강점만으로는 안됩니다. 약점을 버려서도 안됩니다. 그렇게 되면 인간이 교만하여 결국 그 강점으로 망하게 됩니다. 세상의 성공을 보면 모두 이런 성공입니다. 세상에서는 약점을 버리고 강점만 발달시키라고 합니다. 그러나 그리스도인은 약점을 오히려 겸손과 회개의 기회로 삼아야 합니다. 그러면 약점이 강점이 될 수 있습니다. 약점이든지 강점이든지 그리스도 안에서 사용된다면 모두가 강점이 될 수 있습니다. 약할 때 더 강한 것이 됩니다.

빛과 어둠이 공존하듯이 인간은 약점과 강점을 공유해야 합니다. 그것을 서로 조화롭게 사용하는 것이 진정한 강점입니다. 성경의 위대한 사람들을 보면 약점을 인식하되 그것을 버리지 않고 오히려 자기에게 좋은 것으로 만들 때 위대한 강점으로 변화하게 되었습니다.

06

믿음은 관계다

마음열기

나를 감싸고 있는 여러 관계적인 요소들을 살펴보면서 그 속에서 나의 모습을 발견하도록 합니다. 영적, 혈육, 환경, 이웃, 취미와 관심, 봉사, 배움 등을 통하여 나와 관계를 맺고 있는 사람들을 살펴보고 그들과 어떤 관계를 유지하고 있는지 알아봅니다. 관계성 점수를 나름대로 매겨 보고 스스로 점검하면서 느낌을 말하도록 합니다.

말씀과 소통하기

•고린도전서 12:14-27을 읽으세요.

1 몸과 지체의 관계입니다. 교회는 부름받은 사람들의 모임을 의미합니다. 건물이 아닌 사람들의 모임입니다. 우리 몸과 같이 많은 지체들이 서로 유기적으로 연결된 모임입니다. 관계적인 공동체가 교회입니다. 그리스도인은 그리스도와 이웃과 관계적으로 형성된 사람입니다. 각자 자기의 역할을 인정하고 다른 사람도 인정해 주면서 그 역할을 잘 하는 것이 몸을 건강하게 하는 비결입니다. 크든지 작든지 상관없이 모두가 함께 상생하면서 살아가는 것이 아름다운

모습입니다. 그리고 하나된 관계를 유지해야 합니다. 몸은 여러 지체가 모인 유기적인 특징을 지니고 있습니다. 관계가 끊어지면 그것은 곧 죽음을 의미합니다. 몸이 생명을 유지하려면 서로 관계가 맺어져야 합니다.

2 몸의 성장을 방해하는 것은 다른 사람을 무시하고 인정하지 않는 것입니다. 몸의 어느 지체도 쓸모없는 것은 없습니다. 때에 따라서 덜 귀하게 보이는 것이 가장 귀한 것일 수 있습니다. 아름답지 못한 것이 더 아름다울 수 있습니다. 가장 아름다운 것은 자기의 가치를 잃지 않는 것입니다.

3 약하게 보이는 것을 더 귀하게 여기면서 서로 존경해야 합니다. 아름답지 못한 지체가 더 아름답게 보이도록 하는 것입니다. 부족한 것을 채우며 서로 공평하게 하면서 서로 돌아보는 관계가 되어야 합니다. 서로 귀하게 여겨야 합니다. 교회와 이웃은 바로 내 몸입니다. 그들이 살아야 내가 살고, 내가 살아야 그들이 또한 살 수 있습니다.

4 함께 즐거워하고 함께 슬퍼하는 관계가 될 때 몸은 잘 자라게 되고 성장하게 됩니다. 관계를 든든히 하면서 함께하는 모습이 이루어져야 합니다. 한 몸이요 서로 연결된 지체임을 인식한다면 그 안에서 각각 자라게 되고 강점이 발달합니다.

말씀과 공감하기

1 하나되는 것이 중요하다고 생각해야 합니다. 결국은 하나되기 위해서입니다. 하나됨을 이루는 일이야말로 주님이 원하시는 일입니다. 그것은 관계가 좋을 때 가능합니다. 모든 것은 주께로부터 오고 주님에게로 돌아갑니다. 가장 원

초적으로 맺어야 할 관계는 하나님과의 관계입니다. 하나님과의 관계가 인간이 가져야 할 시작이요, 마침입니다. 세상의 궁극적인 목표는 모든 것이 그리스도 안에서 하나 되는 것입니다. 하나 된다는 것은 곧 좋은 관계가 맺어진다는 것을 의미합니다. 죄는 관계가 깨어짐으로 발생합니다. 사단은 모든 관계를 파괴하고 독자적으로 서게 합니다.

관계 훈련이야말로 우리가 지향해야 할 모습입니다. 구원도 관계 회복입니다. 모든 것은 관계가 회복되면서 일어납니다. 관계를 회복하는 방법은 우리 힘으로는 안됩니다. 하나님이 먼저 찾아오셔야 가능합니다. 주님이 이 일의 주체가 되어야 합니다. 주님이 세상에 오셔서 십자가에 죽으신 것도 이런 목적 때문입니다. 예수 안에서만이 진정한 관계 회복이 가능합니다.

07

인격을 소유한 사람이 돼라

마음열기

인격, 인성, 기질, 본성, 성격 등을 나름대로 정의를 내려 보도록 합니다. 이들은 서로 같은 것 같지만 약간 다른 의미를 지니고 있습니다. 인성은 사람이 가진 성품을 말합니다. 인격은 총체적인 의미에서의 정의입니다. 기질은 사람마다 가지고 있는 특이성입니다. 이것은 몸과 체질과 성에 관계가 있습니다, 성격은 환경과 유전 등에 관계가 있습니다. 본성은 인간이 본래 가지고 있는 성품으로 죄인된 성품을 그 예로 들 수 있습니다.

인격은 그 인간의 총체적인 부분입니다. 어느 한 부분을 인격이다고 말하지 않습니다. 지금까지 말한 마음, 생각, 몸과 재능의 관계가 잘된 경우를 인격이라고 말합니다. 이것이 잘못되면 비인격적인 사람이 됩니다. 우리의 교육이 비인격교육이 되는 것은 인간을 총체적으로 보지 않고 부분으로 보기 때문에 나타나는 현상입니다.

말씀과 소통하기

• 갈라디아서 5:16-24을 읽으세요.

1 성령을 따라 살면 육체의 욕심을 이루지 않습니다.

2 성령의 소욕과 육체의 소욕은 서로 적대관계입니다. 서로 대적하여 서로의 것을 못하게 합니다.

3 성령의 인도하심을 받으면 육체의 일을 하지 않게 됩니다. 자기가 중심이 되어 비인격적인 사람이 되면 육신적인 것에 지배를 받는 동물적인 특징이 나타납니다. 생각과 마음이 허망해지면서 육적인 감각에 의해 움직입니다. 예를 들면 원수 맺고, 당 짓고, 분 내고, 시기하고, 투기하고, 방탕하고, 술 취하는 일들이 생깁니다

4 성령의 인도함을 받으면 인격에 성령의 아홉 가지 열매가 맺히게 됩니다. 예를 들면 사랑과 희락과 화평과 오래 참음과 자비와 양선과 충성과 온유와 절제 등입니다.

인간이 가지고 있는 육체의 정욕과 욕망을 십자가에 장사 지내야 합니다. 옛 자아를 죽여야 합니다. 그냥은 안 되고 십자가에 죽여야 합니다. 내 힘으로는 나를 죽이지 못합니다. 전적으로 십자가 은혜로만 가능합니다. 주님을 영접할 때 이런 일이 일어납니다.

말씀과 공감하기

1 인격의 성공이 가장 힘듭니다. 많은 결과를 이루어 내고 성취를 얻은 사람들이 마지막에 인격에 실패하면서 불행하게 되는 예가 많습니다. 인격이 인생의 최고의 성공입니다. 다른 사람에 비해서는 성공했지만 정작 자신에 대해서는 실패한다면 슬픈 일입니다.

혈과 육으로 물든 죄악에서 자신을 깨끗게 하는 훈련을 해야 합니다. 말씀과 기도로 이것을 이루야 하고 지속적으로 영혼과 몸을 함께 거룩하게 만들어 가야 합니다. 어느 하나만 열심히 해서는 인격을 이룰 수 없습니다.

인격은 눈으로 보이지 않습니다. 그러나 삶을 통하여 우리는 그 사람의 인격을 볼 수 있습니다. 하나님의 거룩성을 닮아가는 것이 신의 성품을 이루는 일입니다. 본래 사람의 인격은 하나님의 형상을 닮아서 아름답고 보기에 좋았습니다. 그런데 죄로 인하여 악해져 인격이 파괴되고 말았습니다. 이것을 회복해야 합니다. 보이는 외적인 것보다 보이지 않는 내적인 모습부터 변화를 이루어야 합니다. 예를 들면 마음과 생각을 거룩하게 하면서 점차 우리의 삶이 거룩해져야 합니다. 나중에는 보이는 것과 보이지 않는 것이 모두 연합하여 거룩한 열매로 나타난다면 그리스도의 향기와 편지가 되는 그런 인격이 될 수 있습니다.

사람이 평가할 수 없는, 나중에 하나님만이 평가할 수 있는 부분이 인격입니다. 왜냐하면 사람은 외적인 것은 알 수 있어도 내적인 것은 판단하기 어렵기 때문입니다.

08

아름다운 섬김을 이루라

마음열기

봉사에 대한 자기의 생각을 나누어 보고 실제 봉사 경험담을 말해 보도록 하십시오. 십대들이 학교에서 하는 봉사 활동에 대한 생각과 경험을 어떻게 이해하고 있는지도 나누어 보십시오. 다양한 봉사에 대한 의견을 이야기하는 시간으로 인도하면 좋겠습니다.

마음을 여는 대화는 자연스럽게, 정답을 말하려고 하기보다는 마음을 여는 대화를 돌아가면서 격식 없이 나누는 시간으로 진행하도록 합니다. 다른 사람에게 봉사를 받았을 때 느낌 등도 이야기하면 더 좋겠습니다.

말씀과 소통하기

• 마가복음 10:35-45을 읽으세요.

1 주의 영광 중에서 한 사람은 주의 우편에 한 사람은 주의 좌편에 앉게 해 달라고 요구했습니다.

2 두 제자는 자기가 구하는 것이 무엇을 의미하는지 잘 몰랐습니다. 그래서 쉽

게 좌·우편을 구한 것이었습니다. 그것은 "내 잔을 마실 수 있느냐"는 예수님의 질문에 잘 나타나 있습니다. 여기서 잔은 죽음을 의미합니다. 십자가에 죽을 때 양 옆에 매달려 함께 죽을 수 있느냐는 물음이었습니다. 제자들은 그 일이 아직 일어나지 않았기에 이런 주님의 물음을 잘 이해하지 못하고 '할 수 있다'고 말합니다.

3 이런 두 제자의 모습을 보고 다른 제자들은 화를 냈습니다. 화를 냈다는 것은 모든 제자들이 같은 생각을 가지고 있다는 것을 의미합니다. 제자들이 주님을 좇아다닌 것은 자기 영광을 위한 것이었습니다.

세상의 리더는 사람들을 지배하는 것이 목표입니다. 권세를 누리면서 남을 부리는 것을 생각합니다. 그러나 예수님이 생각한 리더십은 남을 섬기는 것입니다. 정말 크고자 하면 다른 사람을 섬기는 사람이 되어야 합니다. 으뜸이 되고자 하면 다른 사람의 종이 될 것을 각오해야 합니다. 세상과 정 반대의 모습입니다.

4 예수님은 자신의 모습을 모델로 제시하는데, 그것은 자신이 인류를 위해 몸을 바쳐 죽는 것입니다. 참된 리더의 모습은 다른 사람을 위해 희생하는 것입니다.

말씀과 공감하기

1 모든 것은 다른 사람을 섬기기 위해서 존재합니다. 재능과 성공과 업적은 결국은 얼마나 다른 사람을 잘 섬겼는가에 달렸습니다. 인격도 결국은 섬김으로 나타나야 합니다. 섬긴다는 것은 빚진 것을 갚는 의미가 있습니다. 처음부터 내가 가진 것은 내 것이 아니었습니다. 다른 사람들에게서 온 것입니다. 그

래서 나도 다른 사람을 위해 봉사하고 나누어 주는 것이 목표가 되어야 합니다. 얼마나 잘 섬기는가 하는 것이 성공의 판단 기준이 됩니다. 섬김이 목표가 되지 않으면 그것은 잘못된 성공입니다.

성경의 모든 인물들은 섬김의 사람이었습니다. 요셉은 총리가 되었지만 그 지위를 아버지 야곱과 형제들을 섬기는 데 사용했고 마지막까지 봉사자로 살다가 죽었습니다. 모세도 백성들을 철저히 섬겼습니다. 그것을 위해 광야에서 40년 간 훈련했습니다. 사무엘은 마지막까지 백성을 섬기는 일에 충실했습니다. 백성을 위해 기도하고 가르치는 일로 인생을 마쳤습니다. 바울도 복음을 전하는 모습을 통하여 이방인을 섬겼습니다.

예수님과 제자들도 모두 그렇게 살았습니다. 결국은 한결같이 섬기다가 목숨까지 던지는 삶을 살았습니다. 자신을 위해서가 아닌 철저히 이웃을 위한 삶이었습니다.

09

하나님의 나라를 구하라

마음열기

그림에 대한 내용입니다.

한 여자가 자기 가족을 하나님 계신 천국으로 데려가 달라고 천사에게 요청했습니다. 그러자 천사가 두 가지를 먼저 한 후에 오라고 말했습니다.

첫째, "가족이 떠난 후에 다른 사람들이 이 집을 살지 모르니 집 안을 정리하라"고 했습니다. 이 여자는 가족과 정원의 잡초를 뽑고 나무와 꽃들을 다듬었습니다.

둘째, "문 밖에 거지가 있는데 그를 먹이라"고 했습니다.

이 여자는 가족들과 같이 거지에게 먹을 것을 나누어 주었습니다. 천사가 알려준 것을 다 실천한 후에 자기 집을 본 여자는 깜짝 놀랐습니다, 여인의 집, 바로 그 자리가 천국이었습니다. 사랑스러운 사람들과 아름다운 정원과 화목한 가정이 있었습니다.

천국은 눈에 보이는 것이 아니라 눈에 보이지 않는 것입니다. 여기 있다, 저기 있다 할 수 없습니다. 하나님의 나라인 천국은 우리의 마음속에 있습니다. 우리가 바라보는 천국은 영원한 하나님이 통치하시는 곳입니다. 가정과 내 자신의 마음과 교회 등 모든 것이 천국의 자리입니다.

말씀과 소통하기

• 요한복음 18:28-38을 읽으세요.

1 유대인은 예수님을 죽일 수 있는 권한이 없기 때문에 빌라도에게 데리고 갔습니다.

2 '네가 유대인의 왕인가?' 하는 질문이 자신이 하는 말인가, 주위 사람들이 하는 말을 대신 하는 질문인가? 이것은 진정한 질문인가에 대한 주님의 말씀입니다. 빌라도는 네가 유대인인데 왜 대제사장들과 네 나라 사람들이 너를 죽이려고 하느냐고 묻습니다.

3 "내 나라는 세상에 속한 것이 아니다"라고 말합니다. 만약 내 나라가 이 세상에 속한 것이었다면 내 종들이 싸워 나로 유대인들에게 넘기지 않게 하려 했을 것이다. 이제 내 나라는 여기에 속한 것이 아니다라고 합니다. 내가 왕이 된 것은 진리에 대하여 증언하기 위해서라고 말씀하십니다. 진리를 전하고 진리에 이끄는 왕이요, 비진리에 속한 세상의 왕과 다르다고 말합니다.

4 빌라도는 총독(왕)이면서도 진리가 무엇인지 알지 못하고 진리가 무엇이냐고 예수님에게 물었습니다.

말씀과 공감하기

1 예수님이 생각하는 하나님의 나라는 보이는 나라가 아닌 보이지 않는 나라입니다. 사람의 마음속에 거하는 나라입니다. 다시 말하면 평강과 희락과 의를 이루는 나라입니다. 다른 사람을 이용하여 욕심을 채우면서 얻는 평화가 아닌 남을 섬기면서 얻는 평화입니다. 남의 것을 빼앗으면서 추구하는 기쁨이 아닌 다른 사람에게 나누어 주면서 갖는 기쁨입니다. 이런 것을 마음속에 이루어 가면, 그것이 곧 하나님의 나라입니다. 물론 이것은 인간의 힘으로 이루어지는 것이 아닌 하나님이 주시는 능력으로 이룩되는 것입니다. 내가 나를 지배하고 다스리는 나라가 아니라 전적으로 하나님이 통치하는 나라입니다. 예수님이 추구했던 나라는 일시적인 세상의 나라가 아닌 영원한 하나님 안에서 누리는 나라입니다.

이 땅에서 그리스도인이 이루어야 할 나라는 세상의 나라가 아닌 하나님의 나라입니다. 그리스도인의 사명이 있다면 하나님의 평화와 기쁨과 뜻이 이루어지는 그런 나라를 세우는 것입니다. 교회에서 또는 가정과 이웃 속에서, 학교 속에서 이런 모습이 가득 찬 나라를 바라보면서 하루속히 하나님의 나라가 이 땅에 이루어지기를 소원해야 합니다. 세상 사람들은 자기의 영역을 넓히고 자기의 왕국을 세워 나가는 일에 혈안이 됩니다. 공부를 하고 출세를 하는 것도 알고 보면 자기의 영역을 넓히는 것입니다. 이것은 하나님의 나라가 아닌 이 세상 나라의 모습입니다. 주님이 원하시는 나라가 아닌 빌라도가 원하는 나라입니다.

성경은 계속하여 하나님의 나라 건설을 주문하고 있습니다. 먼저 그의 나라와 의를 구하는 것이 우리들의 지상 목표가 되어야 합니다. 그것이 먼저 우리 마음에서부터 일어나야 합니다.

10

평생 동안 배우라

마음열기

그림에 대한 내용입니다.

세기의 천재로 알려진 미켈란젤로는 사람이 마음먹은 대로 부단히 손을 쓰면 그 어떤 형상도 대리석에 새길 수 있다고 생각했습니다. 그는 지칠 줄 모르는 노력가였습니다. 거의 하루를 빵조각 하나와 포도주로 버티면서 작업을 했고 한밤중에도 종종 일어나 작업을 했습니다. 그는 옷을 입은 채로 자다가 벌떡 일어나 일을 시작하곤 했습니다. 그가 아끼는, 손수레로 모래시계를 끌고 있는 노인 조각상이 있는데 거기에는 이런 글귀가 있습니다. "나는 아직 배우고 있다."

인간의 삶은 평생 동안 다듬어 가는 것입니다. 단 며칠 만에 인격이 다듬어지는 것이 아닙니다. 오랜 기간을 통하여 생각하고 깨달으면서 점차 변화됩니다. 물론 하나님이 함께하시면 갑작스러운 변화가 일어날 수 있습니다. 그러나 그것도 알고 보면 이미 오래전부터 하나님이 은밀하게 준비한 가운데서 나오는 것임을 잊지 말아야 합니다. 하나님의 시간과 우리의 시간은 다릅니다. 평생 동안 가야 합니다. 그렇지 않으면 마지막에 불행해질 수 있습니다. 장거리 경주에서 가장 중요한 시간은 마지막 시간입니다. 우리 인생도 마지막까지 충성하고 최선을 다해야 합니다.

말씀과 소통하기

• 신명기 6:1-9을 읽으세요.

1 하나님이 가르쳐 주신 명령과 규례와 법도를 지켜 행하는 일입니다. 이것은 나와 내 아들과 내 손자로 이어지는 3대에 걸쳐 해야 하는 일이고 또 평생 동안 내 하나님을 경외하면서 살아야 합니다. 얼마 동안만 일시적으로 하는 일이 아닌 평생에 걸쳐 해야 하는 일입니다. 그러면 하나님이 주신 복을 받고 하나님이 주신 가나안 땅에서 번성하면서 잘 살게 될것입니다.

2 이스라엘 백성이 자손 대대로, 평생 동안 행해야 할 교육은 하나님을 사랑하는 것인데 이것은 마음과 뜻과 정성을 다하여 전인적으로 해야 합니다. 이것을 유대인은 쉐마(들으라)라고 말합니다. 유대인 교육의 핵심이라고 말할 수 있습니다.

3 부모가 먼저 배워야 합니다. 그 말씀을 마음에 새기고 즉 자신이 소화하고 나서 자녀에게 가르쳐야 합니다.

4 말씀을 마음에 새기고 자녀에게 부지런히 가르치는 일입니다. 가르치는 일은 집에서든지 길을 갈 때든지 어디서든지 행해야 하는 일입니다. 손목에 매어 기호를 삼고 미간에 붙여 표를 삼고 집 문설주와 바깥문에 기록하는 일입니다. 모든 생활이 말씀으로 가득 차는 교육을 의미합니다. 말씀이 중심이 되는 그런 교육입니다.

말씀과 공감하기

1 하나님을 믿고 안다는 것은 곧 말씀대로 사는 것을 의미합니다. 구체적인 삶에서 변화를 이루어 내야 그것이 하나님을 믿는 신앙의 모습입니다. 이스라엘 백성이 세상에서 의를 드러내는 것은 하나님의 말씀대로 지켜 행할 때입니다. 하나님의 공의와 사랑이 드러나는 것은 내 방식대로가 아닌 하나님의 방식대로 할 때 가능합니다. 내 방식대로 사랑하는 것은 사랑이 아닙니다. 하나님의 사랑은 하나님의 방법으로 사랑하는 것입니다. 그런 이유로 하나님의 말씀은 이스라엘 백성에게 중요합니다.

하나님의 말씀을 지켜 행하는 일이야말로 하나님의 의를 가장 잘 드러내는 일이 됩니다. 하나님의 말씀을 잊어버리면 결국 우리 안에 하나님도 없습니다. 내가 만든 하나님이 되면 안됩니다. 말씀이 없으면 언제나 이런 위험이 있습니다. 지금도 사람들은 신을 계속하여 만들어 냅니다. 그래서 종교가 생겨납니다. 사이비가 생깁니다. 만약 말씀이 없다면 기독교는 다른 종교와 다를 바가 없습니다.

말씀이 없으면 하나님도 없습니다. 말씀을 자손에게 지켜 행하게 하고 전수하는 것은 곧 하나님을 그들에게 심어 주기 위해서입니다. 이런 교육은 평생 동안 해야 하고 계속 다음 세대로 이어져야 합니다. 그렇지 않으면 하나님을 떠나게 되고 결국 패망하게 됩니다. 이스라엘은 자녀교육을 잘 하지 못했으므로 말씀이 사라져 나중에 멸망하고 말았습니다.

영원한 말씀이야말로 우리가 평생 동안 지켜야 할 가장 고귀한 것입니다. 내 영혼을 강건하게 하고 아름답게 만드는 것은 오직 하나님의 말씀 외에 다른 것이 없습니다. 학교 공부는 기술을 가르치는 일시적인 것이라면, 하나님의 말씀 교육은 영원한 교육이고 우리의 영혼과 마음과 모든 삶을 바르게 하기 위한 것입니다. 학교 교육은 지식을 주기 위한 공부라면, 하나님의 말씀 공부는 지혜를 주고 구원에 이르는 교육입니다.

하나님의 말씀 외에 다른 것이 다 사라집니다. 남는 것은 없습니다. 죽으면 모든 것이 끝이 납니다. 그러나 하나님의 말씀은 영원합니다. 우리가 끝까지 붙잡고 놓지 말아야 할 것은 하나님의 약속입니다. 평생교육을 하고 싶어도 평생 동안 할 만한 것이 없어서 못하는 경우가 많습니다. 학교를 졸업하면 국·영·수 과목을 버립니다. 더 이상 그 책을 보지 않습니다. 시간이 지나면서 필요가 없기 때문입니다.

성경을 평생 공부하면서 나의 인격과 삶을 만들어 가는 십대가 된다면 얼마나 좋을까요.

양육 3년차 4

열매를 맺어라

01. 사랑의 열매

02. 기쁨의 열매

03. 평화의 열매

04. 온유의 열매

05. 자비의 열매

06. 선함의 열매

07. 인내의 열매

08. 충성의 열매

09. 절제의 열매

10. 겸손의 열매

01

사랑의 열매

마음열기

그림에 대한 시의 내용입니다.

하나님이 십자가를 세고 계실 때 나는 돈을 세었고
하나님이 잃어버린 것을 세고 계실 때 나는 얻은 것을 세었다
내가 곡간에 쌓아둔 물건들의 값어치를 세고 있을 때 하나님은 나의 상처를 감싸주셨다
어느 날 무덤가에 서기까지 그토록 얻으려고 했던 것들이
모두 헛된 것임을 알지 못했고
내 모든 사랑하는 것들이 날아가 버릴 때까지
나는 하나님의 사랑 안에 있음이
가장 부유한 것임을 알지 못했다

시의 내용을 표현한 그림을 보고 자유롭게 서로 느낀 점을 이야기 해보십시오. 각자 느낌이 다를 수 있습니다. 정답을 찾으려 하지 말고 자유롭게 의견을 나누는 것이 중요합니다. 시의 핵심 주제는 사랑이라는 단어에 있습니다. 하나님의 사랑보다 더 큰 것이 없음을 말하고 있는 내용입니다.

말씀과 소통하기

•고린도전서 13:4-13을 읽으세요.

1 사랑은 오래 참고 온유하며, 시기하지 않으며, 자랑하지 않고 교만하지 않습니다. 무례히 행치 않고 자기 유익을 구하지 않습니다. 성 내지 않고 악한 것을 생각지 않습니다. 불의를 기뻐하지 않고 진리와 함께 기뻐하고 모든 것을 참고, 모든 것을 믿으며, 모든 것을 바라며, 모든 것을 견딥니다. 사랑에 대한 정의를 이처럼 다양하게 그리고 정확하게 소개한 곳은 없습니다. 사랑은 한마디로 표현하기 어려운데 이러한 성경의 표현은 대단한 것이라 할 수 있습니다.

2 다른 것은 모두 일시적이고 부분적이나 사랑은 언제까지나 떨어지지 않고 온전하며 영원합니다. 사랑의 온전성을 말하고 있습니다.

3 어린아이 때는 생각하는 것과 말하는 것이 어린아이와 같습니다. 그러나 장성해서는 어린아이의 일을 버리게 됩니다. 지금은 모든 것이 거울로 보는 것처럼 희미합니다. 그리고 부분적으로 알게 됩니다. 그러나 주님이 오실 때는 온전히 알게 됩니다.

4 사랑입니다. 모든 것은 폐하지만 사랑은 영원하기 때문입니다. 천국에는 더 이상의 소망이 없습니다. 믿음도 필요하지 않습니다. 오직 사랑만이 존재합니다.

말씀과 공감하기

1 요한일서 5:1-2에 보면 잘 나타나 있습니다. 사랑은 단순한 구호나 말이 아닌 삶 속에서 나타나는 성령의 열매입니다. 사랑은 구체적으로 삶 속에서 맺혀지

는 열매입니다. 그러므로 사랑은 눈에 보이게 나타나고 실천 속에서 드러나야 합니다. 그래야 진정한 사랑이라 말할 수 있습니다.

이런 의미에서 사랑은 계명을 실천하는 것입니다. 사랑은 곧 하나님의 계명을 지키는 것입니다. 하나님의 계명은 모두 사랑입니다. 사랑에서 나온 계명이기에 그 계명을 지키면 우리는 사랑하게 됩니다. 일차적으로 성경을 묵상하고 그 묵상된 말씀을 삶의 현장에서 실천하면 자연히 사랑이 드러나게 됩니다.

02

기쁨의 열매

마음열기

그림에 대한 설명입니다.

기쁨의 종류는 여러 가지가 있다.
-마음의 기쁨, 육신의 기쁨, 일시적인 기쁨, 영원한 기쁨.
-인간관계로 오는 기쁨, 일을 하는 기쁨, 음식을 먹는 기쁨, 물건을 사는 기쁨.
-돈을 버는 기쁨, 공부하는 기쁨, 성공하는 기쁨, 어려움을 극복하는 기쁨.
-나를 즐겁게 하는 기쁨, 다른 사람을 기쁘게 하는 즐거움, 봉사하는 기쁨.

기쁨의 의미를 생각하고 우리가 가진 기쁨을 다시 한번 정의해 보는 시간을 가집니다.

우리가 가진 기쁨 중에서 잘못된 자기 만족에 따른 기쁨이 닳습니다. 그것들을 제거하고 진정한 참 기쁨을 소유하도록 해야 합니다. 생각지 못한 가짜 기쁨이 얼마나 많이 있는지 모릅니다. 서로 나누면서 솔직한 자신을 발견하는 기회가 되도록 하면 좋습니다.

말씀과 소통하기

• 하박국 3:16-19을 읽으세요.

1 무리가 이스라엘을 치러 올라 오는 환난 날에 대한 소식입니다. 이스라엘이 바벨론에게 멸망하는 상황을 그리고 있습니다. 곧 있으면 멸망당할 절망적인 이스라엘의 상황을 듣고 하박국은 자기의 고통을 말하고 있습니다.

하박국이 당하는 환란의 정도는 창자가 흔들리고 입술이 떨리고 뼈가 썩는 것과 같은 온 몸의 고통입니다. 절망적인 상황입니다.

2 이스라엘의 비참한 상황을 하박국은 이렇게 표현합니다. 이스라엘을 상징하는 무화과나무가 무성하지 않고 포도나무에 열매가 없고 감람나무에 소출이 없고 밭에 먹을 것이 없고 우리에 양이 없고 외양간에 소가 없는 비참한 상황입니다. 모두가 사라지고 소망이 없어 보이는 절망의 상황에서 하박국은 하나님께 기도하면서 찬양을 하고 있습니다.

3 하박국의 찬양 모습은 하나님으로 말미암아 기뻐하고 즐거워한다는 고백입니다. 어떻게 이런 상황에서 즐거워하고 기뻐할 수 있을까? 의문이 가는 일이지만 하박국은 이런 상황에서도 하나님을 높이고 있습니다. 참으로 대단한 모습입니다.

4 하박국이 이렇게 감사와 찬양을 하면서 기뻐할 수 있는 이유는 하나님이 누구인지 알기 때문입니다. 즉 하나님은 나의 힘이라는 고백입니다. 다른 것은 없어도 하나님이 계시는 한에는 우리가 힘을 얻을 수 있습니다. 하나님은 나의 발을 사슴과 같게 하시고 나를 높은 곳으로 다니게 하십니다. 결국은 좋게 하실 것입니다.

말씀과 공감하기

1 하나님이 주시는 기쁨은 환란 중에도 기뻐하는 것입니다. 진정한 기쁨은 상황을 초월합니다. 어떤 상황에서도 기뻐할 수 있는 것이 진정한 기쁨입니다. 그것은 하나님으로부터 오기 때문입니다. 비록 지금은 고난에 처한다 할지라도 이것을 앞으로 나타날 영광에 비교할 수 없습니다. 왜냐하면 하나님은 나중에 좋게 하시기 때문입니다.

하나님의 약속을 바라보면 어떤 상황도 이겨 나가며 기쁨을 소유할 수 있습니다. 그것은 하나님이 살아 계시기 때문입니다. 사람들은 하나님보다 물질과 조건에서 기쁨을 얻으려고 합니다. 그러나 그런 기쁨은 일시적이고 언제 사라질지 불안합니다. 그런 기쁨은 진정한 의미에서 기쁨이 아닙니다. 우리는 이런 기쁨에 현혹되면 안됩니다.

상황을 초월한 기쁨을 갖기 위해서는 하나님에 대한 신뢰를 가져야 합니다. 어떤 상황에서도 좋게 하시는 하나님의 궁극적인 비전을 가슴에 품어야 합니다.

03

평화의 열매

마음열기

성 프란체스코의 평화의 기도를 낭송하면서 모두가 그 뜻을 음미해 보십시오. 조용히 눈을 감고 한 사람이 시를 낭송하면 큰 의미가 있을 것입니다.

말씀과 소통하기

• 창세기 13:1-13을 읽으세요.

1 아브라함은 가축과 은과 금이 풍부했습니다. 애굽으로 내려갔다가 돌아올 때 바로에게 받은 것들입니다.

2 아브라함은 벧엘에서 하나님의 이름을 부르면서 제단을 쌓았습니다.

3 그들의 소유가 너무 많아 함께 사는 데 많은 문제가 있었습니다. 아마 욕심으로 인하여 서로 갈등을 느꼈던 것으로 생각됩니다. 아브라함의 가축 목자와 롯의 가축 목자가 서로 다투었습니다. 그 주위에는 이방 사람들인 가나안 사람과 브리스 사람이 거주하고 있었습니다. 이런 상황에서 아브라함은 롯에게

서로 다투지 말자고 하면서 땅을 먼저 선택할 수 있는 권한을 줍니다. 아브라함의 양보심은 대단합니다. 모두가 평화를 위한 제의였습니다.

4 아브라함의 선택 요청에 롯은 당장 눈에 보기 좋은 소돔을 선택했습니다. 그러나 아브라함은 하나님의 약속을 보고 선택했습니다. 하나님을 선택한 것입니다.

말씀과 공감하기

1 아브라함은 늘 사람 중심이었습니다. 그리고 사람들 사이의 관계를 소중하게 생각했습니다. 다투는 것은 평화의 반대입니다. 다투지 않는 것이 더 중요합니다. 이것은 평화를 이루는 소극적인 의미입니다.

평화를 추구하는 사람은 대체로 초기에는 인정을 받지 못합니다. 그러나 나중에는 하나님의 평강을 얻으면서 승리하게 됩니다. 아브라함이 바로 이런 예입니다. 사람을 소중하게 여기는 아브라함처럼 우리도 사람을 중요하게 생각하는 사람들이 되어야 합니다. 화평케 하는 자에게 하나님은 복을 주십니다. 하나님의 복을 받고 싶습니까? 그러면 다툼보다는 평화를, 물질보다는 관계를 선택하는 사람이 되어야 합니다.

그리스도인은 화목하게 하는 사람입니다. 하나님은 우리에게 세상 속에서 화목하게 하는 직책을 주셨습니다. 그리스도도 이 땅에 오셔서 하나님과 우리 사이를 막았던 담을 자기 몸으로 허시고 하나님과 인간 사이를 화평하게 했습니다. 주님은 살롬의 왕이십니다.

오늘도 주님은 인간 사이의 화평을 원하십니다. 평화의 사도로 일하시기를 원합니다. 물질로 인하여 얼마나 많은 사람들이 다투며 평화를 파괴합니까? 아브라함과 같은 양보를 하고 손해 보는 것은 쉽지 않습니다. 당장 눈앞의 이

익만을 보지 말고 화평을 추구하면서 먼 미래를 하나님에게 맡기면 아브라함 처럼 우리도 하나님의 대단한 일을 경험하게 될 것입니다.

04

온유의 열매

마음열기

'온유'하면 어떤 생각이 떠오릅니까? 각자 생각해 보고 온유의 삶을 이야기해 보도록 하십시오. 혹시 나에게 온유라는 말이 약하고 힘없는 것을 의미하지는 않았는지 생각해 보고, 온유한 사람의 예를 찾아서 말해 보십시오. 온유한 사람이 있음으로 얻는 유익은 무엇인지도 함께 이야기해 보십시오.

말씀과 소통하기

•사무엘하 16:5-14을 읽으세요.

1 다윗을 저주한 시므이는 사울의 친족 중 한 사람으로 게라의 아들입니다. 사울과 다윗은 적대관계입니다.

시므이는 다윗 왕과 신하들을 향하여 돌을 던지면서 저주했습니다. 그의 저주의 말은 "피를 흘린 자여, 사악한 자여, 가거라. 가거라"입니다. 피를 흘린 다윗에게 화를 자초했다고 하면서 지금 다윗의 상황을 비난했습니다.

2 이런 시므이의 저주를 보고 다윗의 측근인 아비새가 당장이라도 나가 시므이

의 머리를 베겠다고 말합니다.

3 그러나 다윗은 아비새의 요청을 거절하였습니다. 그 이유는 하나님이 나의 원통함을 감찰하시어 오늘 그 저주 때문에 선으로 갚아 주시리라고 생각했기 때문입니다.

4 다윗과 그의 추종자들이 길을 갈 때에 시므이는 산비탈로 따라가면서 계속 저주하고 그를 향하여 돌을 던지고 먼지를 날리면서 악을 행했습니다.

말씀과 공감하기

1 온유한 사람은 땅을 기업으로 얻는다고 말했습니다. 주님은 온유한 마음을 가진 분이셨습니다. 온유한 마음을 갖는 것은 쉬운 일이 아닙니다. 온유는 자기 절제가 있어야 하고 쉽게 화를 내지 않는 그런 마음입니다. 그러면서도 약하거나 비굴하지 않은 마음입니다. 감정으로 대하지 않고 하나님의 뜻에 맡기는 그런 마음입니다. 온유는 고난을 당하고 어려움을 당해도 함부로 입을 열지 않고 묵묵히 하나님께 맡기는 마음입니다. 이런 면에서 온유는 인간의 노력으로는 불가능하고 전적으로 하나님이 주셔야만 가능한 마음입니다.

청소년 때 이런 마음을 갖는다는 것은 쉽지 않지만 이런 마음을 훈련하면서 인격을 다듬어 가는 것이 중요합니다.

05

자비의 열매

마음열기

사람은 약한 사람을 괴롭히고 힘들게 하는 것에 즐거움을 느끼는 못된 버릇이 있습니다. 다른 사람이 잘되는 것을 좋아하지 않고 시기하고 질투하면서 은근하게 그것을 즐기는 악한 특징이 있습니다. 이것은 어른만이 아니고 청소년들 사이에서도 많이 일어나고 있습니다. 우리 주위에서 문제가 되고 있는 왕따 현상은 인간의 악함을 드러내 주는 예입니다. 학생들과 같이 이런 문제들을 나누면서 오늘의 실상과 그것을 통해 드러나는 인간의 죄악을 이야기해 보는 시간을 갖도록 하십시오.

말씀과 소통하기

• 누가복음 10:25-37을 읽으세요.

1 내가 무엇을 하여야 영생을 얻습니까? 하는 내용입니다. 영생에 대한 성경의 교훈은 마음과 뜻과 목숨을 다하여 하나님을 사랑하고 이웃을 사랑하는 것입니다. 이렇게 하면 영생을 얻는다고 예수님이 말씀했습니다. 다시 말하면 말씀을 지키면 구원을 얻는다는 뜻입니다.

2 율법교사가 예수님께 질문한 이유는 예수님을 시험하여 자기가 옳음을 증명하려고 한 것입니다. 예수님은 이런 잘못된 태도를 아시고 그에게 비유를 들려주셨습니다. 우리가 잘 알고 있는 선한 사마리아인 비유입니다. 강도 만난 사람을 보고 제사장과 레위인은 그냥 지나갔습니다. 그런데 사마리아인은 그를 불쌍히 여기고 기름과 포도주를 그 상처에 싸매고 짐승에 태워 주막에 데리고 가서 돌보아 주었습니다. 그리고 끝까지 강도 만난 사람을 책임지면서 거기에 드는 비용을 다시 돌아올 때 갚겠다고 했습니다.

3 비유에서 강도 만난 자의 이웃은 자비를 베푼 사마리아 사람입니다.

4 이것을 깨달은 율법교사에게 예수님은 "가서 너도 이와 같이 행하라"고 말씀하셨습니다. 말씀을 깨달았으면 실천해야 합니다. 실천하지 않는 율법교사를 책망하신 것입니다.

말씀과 공감하기

1 사마리아 사람이 자비를 베푼 이유는 강도 만난 사람이 불쌍한 마음이 들어서입니다. 이때 자비는 자연스러운 행동입니다. 일차적으로 마음이 그 사람을 불쌍히 여기는 것이 중요합니다. 마음이 움직이지 않으면 아무것도 안됩니다.

반면에 레위와 제사장은 그를 쳐다보기만 하고 자기 일을 우선으로 하면서 의도적으로 피하여 갔습니다. 피하여 지나갔다는 말이 계속 나옵니다. 왜 피했을까요? 여러 가지 이유가 있을 것입니다. 자기 중심에 사로잡혀서 여러 가지로 손해 보는 일을 생각했기 때문일 것입니다. 생명의 소중함을 말하면서도 현실에서는 생명의 소중함을 실천하지 못하고 그냥 지나쳤습니다.

사람은 본래 자비로운 마음보다 무자비한 본성이 많습니다. 인간의 뿌리에는 자비의 마음보다는 무자비하고 악한 것이 들어 있습니다. 레위인과 제사장은 인간의 악한 모습을 그대로 대변해 주는 것입니다. 사람은 언제나 상황에 따라 무자비한 모습이 나타날 수 있습니다. 누구나 생각지 못한 자신의 독한 모습을 보고 스스로 놀랄 때가 있습니다. 그것은 자기의 근본을 몰라서 나타나는 현상입니다. 그러나 하나님께 큰 은혜를 받고 산다고 하면 우리는 다른 사람에게 은혜와 자비를 베풀 수 있습니다.

06

선함의 열매

마음열기

자선은 적극적인 의미에서 선입니다. 선을 행하는 구체적인 실천사항 중 하나가 자선입니다. 우리 주위에 있는 자선의 모습들을 살펴보면서 그것에 대해 서로 이야기를 나누어 보고, 왜 나는 자선이 잘 안되는지 그 이유를 말해 보십시오. 아울러 왜 우리가 사는 세상에 자선이 필요한지 이야기해 보는 시간도 가지도록 합니다.

말씀과 소통하기

•사도행전 9:36-43을 읽으세요.

1 베드로의 여제자인 다비다(도르가)는 선행과 구제하는 일을 아주 많이 한 사람입니다. 그런데 병이 들어 죽었습니다.

2 다비다가 살아 있을 때 얼마나 선행을 베풀었는지는 그가 죽은 이후에 사람들이 한 말에서 알 수 있습니다. 사람들은 도르가가 생전에 지은 속옷과 겉옷을 다 보이면서 도르가의 선행을 칭찬했습니다.

3 베드로는 무릎을 꿇고 기도하고 돌이켜 시체를 향하여 "다비다야, 일어나라!" 하니 그가 눈을 떠 베드로를 보고 일어나 앉게 되었습니다.

4 다비다가 살아난 것을 보고 욥바의 많은 사람들이 주를 믿는 일이 일어났습니다.

말씀과 공감하기

1 한 사람의 평가는 죽은 후에 나타납니다. 다비다는 죽은 이후에 사람들이 그를 칭찬하면서 그의 선행을 칭송했습니다. 얼마나 선한 일을 많이 했으면 그가 지은 옷을 보이면서 말했을까 충분히 짐작이 갑니다. 선행은 보이는 전도입니다. 선행을 한 사람에게 하나님은 큰 은혜를 베푸십니다. 다비다가 살아난 기적에는 그녀의 선행이 많이 작용했을 것입니다.

그녀의 선행은 자기를 드러내는 것이 아닌 주님을 드러내는 것이었을 것입니다. 그리스도인의 선행은 세상 사람들의 선행과 다릅니다. 그리스도인의 선행은 자신을 죽이고 그리스도의 뜻을 드러내는 것으로, 오른손이 하는 것을 왼손이 모르는 그런 숨은 선행입니다. 사람에게 보이려고 하는 선행이 아닌 하나님에게 보이려고 하는 선행입니다. 사람이 기억하는 것이 아닌 하나님이 칭찬하고 하나님이 기억하시는 선행입니다.

세상에는 위장된 선행이 많이 있습니다. 사람에게 드러내 보이려고 하는 선행을 조심해야 합니다. 세상의 칭찬과 상을 받는 선행에는 하늘의 상이 없습니다. 잘못하면 우리도 이런 선행과 구제를 추구할 수 있습니다. 선행은 행위로 나타나지만 그것은 전적으로 믿음으로 해야 합니다. 사람에게 보이려고 하는 구제는 합당하지 않습니다. 평소에 하나님의 마음을 품고 하나님의 뜻을 이루는 선행을 하는 훈련을 해야 합니다.

선행은 선하신 하나님을 드러내는 보이는 복음이요, 보이는 메시지입니다. 십자가에서 우리를 위해 죽으시면서 고통을 참으시고 끝까지 인간을 사랑하시는 그 모습이 바로 복음이듯이, 은밀하게 행하는 그 선행이야말로 효과적인 전도입니다. 선행은 아무나 할 수 있는 것이 아닙니다. 자기의 가진 것을 주는 일은 쉽지 않습니다. 믿음이 아니고는 힘든 일입니다.

07

인내의 열매

마음열기

그림에 대한 설명입니다.

65세의 한 노인이 사업에 실패하고 단돈 105달러가 남았습니다. 하지만 그는 꿈을 포기하지 않고 다시 도전했습니다. 평생 요식 사업을 했던 그는 그동안 갈고 닦은 요리비법을 사용했습니다. 그는 '나는 녹이 슬어 사라지기보다는 다 닳아빠진 후에 없어지리라'는 결심을 했습니다. 그리고 캔터키 주에서 닭튀김 장사를 시작했는데, 그것이 성공하여 미국 전역에 수백 개의 가게를 갖게 되었습니다. 이것이 바로 세계적으로 유명한 캔터키 프라이드 치킨입니다. 지금도 치킨 가게 앞에는 노인 캐릭터가 서 있는데 이는 바로 창업주를 상징합니다.

희망과 꿈을 가지고 참고 인내하면 언젠가는 그 꿈을 이룰 수 있습니다. 이러한 사례는 우리 주위에서도 많이 볼 수 있습니다. 꿈은 많이 꾸지만 그것을 인내하면서 기다리고 포기하지 않고 가는 것은 쉬운 일이 아닙니다. 일곱 번 넘어져도 다시 시작하는 인내의 힘은 하나님이 주시는 믿음이 아니면 불가능합니다. 이런 면에서 인내도 인간이 만들어 낼 수 있는 것이 아닌 하나님이 주시는 선물입니다.

청소년기에는 참고 인내하기가 쉽지 않은데 왜 그런가도 같이 논의해 보도록 합시다.

말씀과 소통하기

• 누가복음 2:25-39을 읽으세요.

1 시므온은 의롭고 경건한 사람으로 이스라엘의 위로를 기다리는 사람입니다. 성령이 그 위에 계셨습니다. 이것은 성령의 도우심이 있었기에 끝까지 기다릴 수 있었음을 말하고 있습니다. 시므온이 불가능할 것 같은 일을 계속 기다리면서 인내할 수 있었던 것은 성령의 지시를 받았기 때문입니다. 하나님의 약속을 받으면 기다리는 것이 쉽습니다. 그러나 인간의 노력과 생각으로 기다리는 것은 어렵습니다. 오래가지 못하고 중간에 포기합니다.

2 시므온은 드디어 그 약속대로 아기 예수를 만나게 됩니다. 성령의 감동으로 성전에 들어가 아기 예수가 율법에 따라 성전을 찾는 것을 보게 되면서, 아기 예수를 만나게 되는 축복을 얻습니다.

이때 시므온이 아기를 안고 부른 누가복음 2:29-32의 찬양은 유명한 찬송시입니다. 시므온은 아기 예수를 안아 보는 놀라운 축복을 경험합니다. 시므온이 한 말은 예수님에 대한 예언의 내용을 담고 있다는 점에서 놀라운 시입니다.

3 안나라는 여선지자는 나이가 매우 많아 과부가 된 지 84년이 되었습니다. 성전을 떠나지 않고 주야로 금식하면서 기도로 섬기고 있었습니다.

4 마침 그때에 안나 선지자도 아기 예수를 성전에서 만나게 됩니다. 그리고 예

수님에 대해 예언의 말을 하게 됩니다.

말씀과 공감하기

1 기다리고 인내하는 시간은 인간을 겸손하게 만드는 시간입니다. 오래 기다릴수록 겸손한 사람이 됩니다. 인간을 바라보면 인내하기 어렵지만 하나님의 능하신 손을 바라보면 기다리고 인내하는 것은 가능합니다. 이 일이 선한 일이라는 확신이 들면 하나님의 법칙을 기억하면서 끝까지 그 일을 수행해야 합니다. 하나님의 때가 오면 틀림없이 열매를 거두게 될 것입니다.

오래 기다리게 하는 것은 그 속에 하나님의 섭리가 있습니다. 오래 기다리면서 하나님의 때에 축복을 얻게 되면 그때 얻은 보이는 축복보다 그것을 위해 인내하고 연단한 보이지 않는 내 믿음의 선물이 더 가치가 있을 것입니다. 덤으로 얻는 축복, 믿음의 열매를 바라보면 갑자기 힘이 나지 않습니까?

인간이 자기 힘으로 인내하는 것은 어렵습니다. 그것은 한계가 있습니다. 그러나 하나님의 약속을 받고 기다리는 것은 쉽습니다. 중요한 것은 '얼마나 그 약속을 신뢰하고 하나님을 의지하는냐'입니다. 하나님은 믿음을 시험하시기 위해 어떤 것을 그냥 주시지 않고 오랫동안 기다리게 합니다. 이것이 성경의 원리입니다. 인내하고 기다릴 수 있는 믿음을 가지기 위해서는 말씀과 기도를 동반한 지속적인 하나님과의 관계가 중요합니다.

08

충성의 열매

마음열기

주기철 목사님은 한국이 낳은 대표적인 순교자로 많은 사람들에게 존경을 받는 사람입니다. 일제강점기에 신사참배를 거부했다는 이유로 순교를 당했습니다. 그의 순교는 하나님에 대한 충성심에서 나온 것입니다. 끝까지 하나님을 배반하지 않았던 그의 믿음은 우리를 감동하게 합니다.

이 시를 읽으면서 각자 느낌을 발표하고 나누면서 주기철 목사님의 신앙을 그려 보도록 합니다.

말씀과 소통하기

• 마태복음 25:14-30을 읽으세요.

1 주인이 다른 나라로 떠날 때 종들에게 각각 재능대로 한 사람에게는 금 다섯 달란트를, 한 사람에게는 두 달란트를, 한 사람에게는 한 달란트를 주셨습니다.

2 세 명 중에 다섯 달란트를 받은 종과 두 달란트를 받은 종은 장사하여 각각

배로 남겼습니다. 그러나 한 달란트를 받은 종은 땅을 파고 돈을 감추어 두었습니다.

3 주인이 돌아와서 종들과 계산할 때 다섯 달란트와 두 달란트 받은 종들에게는 동일하게 칭찬했습니다. "잘 하였도다, 착하고 충성된 종아. 네가 적은 일에 충성하였으니 내가 많은 것을 네게 맡기리니 제 주인의 즐거움에 참여 할지어다"라고 했습니다.

4 한 달란트를 받은 종은 주인이 굳은 사람이라 생각하고 두려워하여 달란트를 땅에 감추었다고 말했습니다. "심지 않은 데서 거두고 헤치지 않은 데서 모은 줄 알았다"고 하는 것은 주인의 무자비함을 말합니다.

주인은 한 달란트 받은 종을 책망했습니다. '게으르고 악한 종'이라고 말하면서 설사 주인이 그렇다고 해도 상식적으로 은행 이자라도 해서 그것을 남길 수 있는데 그렇게 하지 않았다고 책망합니다. 그리고 한 달란트를 빼앗아 열 달란트 가진 종에게 주고 무익한 종을 어두운 데 내어쫓으라고 말합니다.

말씀과 공감하기

1 주인은 종들에게 큰 일을 맡기지 않았습니다. 작은 일을 맡겼습니다. 여기서 작은 일이란 무엇을 의미합니까? 이것은 주인의 성품과도 연결됩니다. 한 달란트 받은 종이 말한 주인의 무자비한 모습과는 모순되는 내용입니다. 주인은 자비로운 사람입니다. 왜냐하면 일을 맡길 때 작은 일을 맡겼습니다. 그것은 쉽게 누구나 할 수 있는 일입니다. 많은 일이 아니고 큰 일이 아닙니다. 쉽게 할 수 있는 일인데도 한 달란트 받은 사람은 하지 않았습니다.

하나님은 우리에게 할 수 있는 일을 맡기지, 하지 못할 일을 맡기지 않습니다. 감당할 만한 시험을 주십니다. 각각의 재능이라는 말도 감당할 수 있음을 의미합니다.

한 달란트 받은 자는 일차적으로 주인에 대한 불신이 있었습니다. 그것은 종의 문제였습니다. 주인과 일에 대한 바른 인식이 없었기에 생긴 문제였습니다. 그러다 보니 주인을 오해하고 그것으로 인하여 불충성이 생겼습니다. 주인에 대한 바른 이해가 충성을 이끌어 냅니다. 우리도 하나님에 대한 바른 인식과 앎을 가지는 것이 필요합니다. 그런 신뢰 속에서 하나님에 대한 충성이 나옵니다.

09

절제의 열매

마음열기

하와가 에덴동산에서 선악과를 먹은 것은 인간의 선을 넘은 것입니다. 인간의 위치를 망각하고 하나님의 영역을 침범한 사건입니다. 하나님과 같아지기 위해서 자기의 본분을 망각하고 위치를 이탈했습니다.

자기를 아는 것이 중요합니다. 자기를 아는 것은 혼자는 안 되고 하나님을 알 때 가능합니다. 이런 면에서 하나님을 모르면 자기도 모르게 됩니다. 하나님을 아는 만큼 자기를 알게 됩니다. 누구도 자기 스스로는 자기를 알지 못합니다. 하나님을 깊히 묵상하면 내가 누구인지 알게 됩니다. 나의 위치를 파악할 수 있습니다.

말씀과 소통하기

• 창세기 39:6-23을 읽으세요.

1 주인은 모든 소유를 다 요셉에게 맡기고 자기가 먹는 음식 이외에는 간섭하지 않았습니다.

2 주인의 아내가 요셉에게 동침하기를 청했습니다. 요셉은 주인의 아내의 요구를 거절했습니다. "내 주인이 집안의 모든 소유를 간섭하지 아니하고 다 내 손에 위탁했지만 주인이 모든 것을 금하지 않았어도 금한 것은 당신" 이라고 말합니다. 그러므로 큰 악을 행하여 하나님께 죄를 지을 수 없다고 말합니다. 그러나 주인의 아내는 날마다 요셉에게 청하며 끈질기게 유혹했습니다. 마귀는 끈질기게 우리를 유혹합니다. 요셉은 옷을 잡고 자기와 동침하자는 주인 아내의 요구를 물리쳤습니다. 자기 옷을 버려 두고 밖으로 나갔습니다.

3 주인의 아내는 사람들을 불러서 요셉이 자기와 동침하고자 자기에게 다가왔다고 죄를 뒤집어씌웁니다. 그리고 옷을 그 증거물로 댑니다.

4 요셉은 억울하게 옥에 갇혔습니다. 하지만 누구도 원망하지 않고 자기 맡은 일에 충성하여 옥의 제반 일을 관장하는 위치에 오르게 되었습니다. 그것은 자기 일에 절제하며 충성하는 요셉에게 함께하신 하나님의 은혜 때문입니다

말씀과 공감하기

1 요셉에게는 하나님이 있었습니다. 눈에 보이지 않지만 늘 하나님이 요셉을 보고 있기에 하나님을 더 두려워하면서 살았습니다. 요셉에게 보이는 하나님이 있는 한 하나님에게 순종하는 것이 마땅합니다. 보디발 아내의 유혹은 아무도 자기들을 보지 않고 둘만 있다고 생각했기에 가능했습니다. 많은 사람들이 보는 앞에서 불륜을 저지를 수 없습니다. 보디발의 아내에게는 하나님이 보이지 않았지만 요셉은 하나님이 보였습니다.

고난과 유혹을 이기는 힘은 보이지 않는 하나님에 달려 있습니다. 하나님이 나를 지켜보고 계시는 한 나는 실패하지 않습니다. 어떤 유혹도 이길 수 있습

니다. 절제는 나 혼자 힘으로 안 됩니다. 하나님이 내 안에 계신다는 믿음이 있을 때 그 힘으로 절제할 수 있습니다

절제는 어려운 일입니다. 절제는 모든 면에 다 해당됩니다. 그래서 성령의 열매 가운데 하나요, 모든 사람이 맺어야 할 신앙의 열매입니다. 성, 물질, 취미, 은사, 권력, 명예, 일 등 모든 면에 절제가 있어야 합니다. 그렇지 않고 어느 한 극단으로 치닫게 되면 패망하게 됩니다. 절제는 양 극단으로 가는 것을 막아 주는 역할을 합니다.

내가 스스로 절제하는 것은 어렵습니다. 나는 언제 어떻게 될지 모르기에 나를 믿는 것은 위험합니다. 말씀이 나를 지배하고 하나님이 내 마음에 가득하여 나를 사로잡아야 합니다. 그렇게 될 때 어떤 유혹도 이길 수 있습니다.

10

겸손의 열매

마음열기

그림에 대한 설명입니다.

20세기의 예수라고 불리운 슈바이처 박사는 아프리카 검은 대륙의 랍바네대 병원에서 죽어 가는 생명들을 위하여 자신의 모든 것을 바치고도 부족하자 모금을 해서 병원 유지비를 충당하였다. 그가 모금을 하기 위해 고향에 갔을 때 고향 역에는 많은 친척 친지와 동료들이 영접하러 나와 있었다. 환영객들은 1등, 2등 칸에서 그가 나오기를 기다렸다. 그러나 그는 맨 뒷칸 3등 열차에서 걸어 나오고 있었다. 영접객들은 그에게 달려가서 왜 3등 칸을 타고 왔느냐고 원망스럽게 물었다. 슈바이처 박사는 웃으면서 대답했다. "4등 칸이 있어야지요." 더 낮은 자리가 없음을 아쉬워하는 태도였다.

겸손을 가로막는 가장 큰 장애물은 나 자신입니다. 주변의 환경이 아닙니다. 다른 사람이 아닙니다. 내 안에 있는 욕망입니다. 욕망이 생기면 겸손을 몰아냅니다. 그리고 스스로 교만하게 됩니다. 그런 사람의 결과는 멸망입니다. 우리가 끝까지 지켜야 할 덕목이 있다면 겸손입니다. 모든 것을 다 이루고 성공하고서도 마지막에 겸손하지 못하면 다 허사입니다. 그런 의미에서 겸손은 우리가 끝까지 가져야 할 열매입니다.

말씀과 소통하기

• 마태복음 3:5-17을 읽으세요.

1 요한에게 세례를 받으러 온 사람은 온 유대와 요단강 지방의 사람들입니다. 요한은 특히 바리새인들과 사두개인들이 오는 것을 보고 "독사의 자식들아 누가 너희를 가르쳐 임박한 진노를 피하라 하더냐" 하면서 회개의 합당한 열매를 맺으라고 말합니다. 아브라함의 자손이라고 생각하면서 자만하지 말아야 한다고 말합니다. 왜냐하면 하나님은 돌들로도 아브라함의 자손이 되게 하실 수 있기 때문입니다.

아브라함의 자손으로 선택받은 것이 대단한 것이 아닙니다. 겸손하지 못하면 아브라함의 자손도 하나님의 책망을 받게 됩니다. 세례 요한은 회개의 세례를 베풀려고 왔지만 "내 뒤에 오시는 분은 나보다 능력이 더 많으시기에 나는 그의 신을 들기도 감당하지 못한다"고 말했습니다. 예수님은 나하고는 비교할 수 없는 분이라고 말합니다.

2 예수님이 요한에게 세례를 받으려 하자 세례 요한은 "내가 당신에게 세례를 받아야 하는데 어떻게 내가 당신에게 세례를 베풀 수 있느냐"고 말합니다.

3 그러나 예수님은 이렇게 하는 것이 하나님의 뜻을 이루는 것이기에 합당한 일이라고 하면서 세례를 베풀게 합니다. 세례 요한도 겸손하지만 예수님도 겸손하십니다. 말씀에 철저히 복종하시는 것을 봅니다. 하나님의 약속을 더 우선으로 삼으시는 주님을 봅니다.

4 세례를 받으시고 물에서 올라오시자 하늘이 열리고 예수님에게 성령이 비둘기 같이 임하면서 하늘에서 소리가 났습니다. "이는 내 사랑하는 아들이요, 내 기뻐하는 자"라고 말입니다. 하나님은 겸손하게 하나님의 의를 이루는 사람에게 축복해 주십니다. 그런 사람이 진정한 하나님의 자녀입니다.

말씀과 공감하기

1 가장 위대한 사람은 자기보다 더 위대한 사람을 볼 수 있는 사람입니다. 세례 요한이 바로 그런 사람입니다. 자기를 낮추는 자는 하나님이 더 높여 주십니다. 자기가 섰다고 생각하면 그것은 멸망에 이르는 길입니다. 교만은 패망의 앞잡이라고 했습니다. 그 사람이 진정으로 겸손한지를 보려면 하나님을 얼마나 높이는지를 보면 압니다.

하나님을 인정하지 않고는 진정한 겸손이 나오지 않습니다. 세례 요한과 예수님은 모두 겸손한 사람의 대표적인 예입니다. 참으로 아름다운 관계입니다. 서로 높여 주고 인정해 주는 관계를 보여주는 좋은 모델입니다. 예수님과 세례 요한이 이렇게 서로 겸손할 수 있었던 이유는 그들 마음속에 하나님의 의가 있었기 때문입니다. 하나님의 약속에 대한 순종과 겸손함이 있었기에 서로 복종이 가능할 수 있게 된 것입니다.

단순히 사람을 섬기는 것은 한계가 있습니다. 한때는 겸손하다가 뒤돌아서는 상대방이나 상사를 욕하고 비난하는 것은 바로 이런 이유 때문입니다. 서로를 지탱하게 하는 말씀의 힘이 없으면 겸손이 오래가지 못합니다. 이것은 세상의 겸손이 실패하는 가장 근본적인 이유입니다. 나름대로는 자기가 상대방보다 낫다고 생각합니다. 이것에 속으면 안됩니다.